L'aromathérapie
au service / de la
beauté

Les huiles essentielles

**De la même auteure
chez le même éditeur**

Les huiles essentielles, l'aromathérapie

Danielle Huard

L'aromathérapie
au service *de la*
beauté

Les huiles essentielles

LES ÉDITIONS
Quebecor
QUEBECOR MEDIA

Catalogage avant publication de la Bibliothèque nationale du Canada

Huard, Danielle

L'aromathérapie au service de la beauté: les huiles essentielles

Nouvelle édition

(Collection Santé naturelle)

ISBN: 2-7640-0794-9

1. Aromathérapie. 2. Soins de beauté. 3. Huiles essentielles – Emploi en thérapeutique. 4. Phytothérapie. I. Titre. II. Collection: Collection Santé naturelle (Outremont, Québec).

RM666.A68H8 2003   615'.321   C2003-940923-6

LES ÉDITIONS QUEBECOR
7, chemin Bates
Outremont (Québec)
H2V 1A6
Tél.: (514) 270-1746

© 2003, Les Éditions Quebecor, pour la présente édition
Bibliothèque nationale du Québec
Bibliothèque nationale du Canada

Éditeur: Jacques Simard
Coordonnatrice de la production: Dianne Rioux
Conception de la couverture: Bernard Langlois
Illustration de la couverture: Imagemore/SuperStock
Révision: Sylvie Massariol
Correction d'épreuve: Francine St-Jean
Infographie: Composition Monika

Nous reconnaissons l'aide financière du gouvernement du Canada par l'entremise du Programme d'Aide au Développement de l'Industrie de l'Édition pour nos activités d'édition.

Gouvernement du Québec – Programme de crédit d'impôt pour l'édition de livres – Gestion SODEC.

Imprimé au Canada

À Joey et à Émilie,
qui, malgré leur jeune âge, ont
su faire preuve de patience et de
compréhension à l'égard de leur
mère.

Avec tout mon amour.

Remerciements

Un merci tout spécial à Denis Lévesque, qui m'a été d'une aide inestimable dans la rédaction de ce livre.

Un grand merci aussi à Georges Dutil et à Pascale Lanari, qui ont su capter sur photo mon image et la mettre en valeur.

Finalement, à Jocelyn, pour son amour et sa patience.

Que l'harmonie règne sur cette terre!

Avant-propos

Dès ma plus tendre enfance, les arômes ainsi que la beauté du corps et de l'âme ont exercé sur moi une véritable fascination. J'en suis même venue à penser que, dans des vies antérieures, j'avais vécu cette passion à nulle autre pareille.

Le lien entre beauté et aromathérapie fut facile à faire pour moi, de sorte que, aujourd'hui, l'aromathérapie est au centre de mes préoccupations, tant personnelles que professionnelles. J'ai découvert que les substances aromatiques offertes par la nature avaient un effet indéniable sur le corps et, de façon complémentaire, sur la beauté.

J'ai voulu regrouper dans ce livre toutes les informations que j'ai glanées ici et là au cours de mes années d'études et de pratique professionnelle. Il y sera question des produits, de leurs composantes et de leurs effets sur le corps.

J'espère ainsi vous convaincre des bienfaits de l'aromathérapie et vous permettre de cheminer à votre tour sur la voie de la beauté et du bien-être physique et spirituel. Si ce but est atteint, je serai pleinement satisfaite de cette modeste contribution.

Première partie

Les éléments de base

L'aromathérapie au fil des siècles

Un peu d'histoire

L'aromathérapie est l'art et la science qui visent à utiliser les huiles essentielles pour maintenir ou améliorer la santé et la beauté. Cette médecine complémentaire équilibre nos trois corps: physique, mental et spirituel.

Étymologiquement, le terme *aromathérapie* signifie «le traitement des maladies (thérapie) par les arômes (essences ou huiles essentielles provenant de plantes aromatiques)». Toutes les anciennes civilisations – chinoise, indienne, égyptienne, grecque, romaine et arabe – ont utilisé l'aromathérapie pour leur bien-être physique et psychologique. C'est une tradition qui remonte à plus de 5000 ans.

Le plus vieux document connu concernant l'aromathérapie date de 2700 ans avant Jésus-Christ. Il s'agit d'un livre chinois qui recensait plus de 365 plantes médicinales et expliquait comment s'en servir pour soigner certaines maladies, soit par des techniques de massages, soit par absorption. Il faut dire aussi que les Chinois brûlaient des bois aromatiques, des herbes et de l'encens en offrandes à leurs dieux.

À peu près à la même époque, la médecine indienne, connue sous le nom d'Ayurvedic, prescrivait le massage aromatique et l'utilisation de plantes et de bois pour la guérison. Soit dit en passant, le terme *Ayurvedic* signifie «connaissance de la longévité».

Les Égyptiens n'étaient pas en reste dans cette science. On a découvert sur les murs de certains tombeaux des peintures représentant la pratique du massage. Des écrits datant de 1550 ans avant Jésus-Christ établissaient des recettes de médicaments à base d'herbages et d'huiles essentielles qui sont toujours utilisées de nos jours. En Égypte, les guérisseurs étaient classés en trois catégories: les chirurgiens pratiquaient les opérations, les médecins prescrivaient les substances médicinales et les sorciers utilisaient la magie et l'exorcisme pour soigner les malades.

La Grèce participa à l'évolution de l'aromathérapie (même si le nom n'était pas encore utilisé). Le médecin Dioscoride écrivit un magnifique livre sur les herbes médicinales dont la pertinence demeure incontestée, même de nos jours.

Médecin, philosophe et mystique arabo-islamique du Xe siècle après Jésus-Christ, Ibn Sinā, connu aussi sous le nom d'Avicenne, écrivit plusieurs traités qui nous sont parvenus. Son *Canon de la médecine* fut longtemps la base des études médicales, tant en Orient qu'en Occident. C'est également du côté du Proche-Orient que l'on découvrit le principe de la distillation qui permettait d'obtenir les huiles essentielles, principalement celle de la rose. Au XIIIe siècle, la ville de Damas était même un centre international pour la culture et la distillation de la rose.

Au fil des siècles, les découvertes se firent nombreuses dans tous les pays, en particulier du côté de l'Allemagne et de l'Angleterre grâce à des scientifiques comme Hieronymus Brauschweig, Nicholas Culpeper, John Parkinson et John Gararde. La peste, qui faisait rage à l'époque à cause de l'insalubrité des habitations, était soignée par divers remèdes à base d'huiles essentielles dont les vertus antiseptiques étaient indéniables. En Angleterre, John Pechey découvrit les effets du clou de girofle pour les maux de dents. Le principe analgésique fut alors mis de l'avant.

Au XIXe siècle, la tuberculose était l'une des principales causes de décès. Mais on remarqua que les travailleurs dans les champs de fleurs destinées à la parfumerie étaient moins attaqués que l'ensemble de la population. Chamberland, Cadeac et Meunier publièrent une étude qui démontrait que les microorganismes de certaines maladies étaient facilement tués par les huiles essentielles comme la cannelle, le thym, la lavande, le genièvre, le bois de santal et le cèdre.

Malgré cette longue tradition, le mot *aromathérapie* ne fut créé qu'en 1928 par René Maurice Gattefosse, un chimiste français qui découvrit accidentellement les propriétés de guérison de la lavande. S'étant infligé de sérieuses brûlures aux mains alors qu'il tentait une expérience dans son laboratoire, il se plongea aussitôt les mains dans une cuve remplie d'huile de lavande pure. C'était le produit le plus rafraîchissant et le plus calmant qui se trouvait à sa portée. Il découvrit que ses mains guérirent très rapidement et que les brûlures ne laissèrent aucune cicatrice. Cette expérience lui valut le titre de père fondateur de l'aromathérapie.

De nos jours, l'aromathérapie est une technique de médecine naturelle et «alternative» qui se veut autant préventive que curative.

Que sont les huiles essentielles?

Les huiles essentielles sont des liquides aromatiques non graisseux qui se retrouvent naturellement dans diverses parties des plantes, des herbes, des fleurs, des fruits, des bois et des épices. Elles constituent la plus grande force vitale de la plante et ont la capacité de fortifier notre système immunitaire en plus de stimuler les aptitudes naturelles de guérison de notre corps.

Les huiles essentielles sont des substances très volatiles qui contiennent des hormones, des vitamines et des propriétés antibiotiques et antiseptiques. D'une certaine façon, on pourrait dire qu'elles représentent l'esprit et l'âme de la plante. Plusieurs, en fait la majorité, produisent des essences contenues dans de petites pochettes entre les cellules qui sont responsables de leur odeur.

Comment obtient-on une huile essentielle?

Le processus général d'obtention des huiles essentielles se fait selon la méthode de la distillation, qui vise à en retirer un maximum de leurs extraits naturels. Une huile essentielle est constituée exclusivement de molécules aromatiques, à condition que sa pureté soit totale et qu'elle ait été distillée convenablement. D'autres techniques sont aussi employées pour retirer l'huile essentielle de plantes particulièrement délicates. Voyons plus en détail ces procédés.

La distillation par la vapeur

Voilà la façon la plus courante d'extraire les huiles essentielles. La plupart des distillateurs favorisent cette méthode pour la majorité des huiles.

Les plantes fraîches, et quelquefois les plantes sèches, sont placées dans un alambic; la vapeur qui passe au travers des plantes extrait les molécules aromatiques qui sont contenues dans de petites pochettes. La température de la vapeur doit être minutieusement contrôlée afin de permettre l'ouverture des pochettes sans les détruire, ce qui viendrait ruiner le processus.

La vapeur chargée de particules traverse par la suite la chambre de condensation où elle se refroidit et redevient liquide. Au cours de ce processus, l'huile et l'eau se séparent, ce qui permet la récupération de l'huile en surface. Quant à l'eau qui reste dans le vase, qu'on appelle «hydrolat» ou eau florale, elle sera utilisée pour les soins de la peau chez les bébés et les personnes sensibles aux huiles essentielles.

L'enfleurage

Certaines fleurs, par exemple la rose, le jasmin et le néroli, contiennent très peu d'huile essentielle et sont très délicates. Inutile de penser à la distillation dans leur cas: on détruirait très facilement leurs fragrances fragiles.

Il faut donc utiliser plutôt un autre processus, très dispendieux et très long, qu'on appelle «enfleurage». On place ainsi les pétales de fleurs sur un tiroir, puis on les enduit de solvants gras. Chaque jour, on change les pétales pour que les solvants puissent absorber le plus possible les molécules aromatiques qu'ils contiennent. Ce procédé dure environ 21 jours, après quoi on passe à la distillation des solvants gras utilisés; cette technique élaborée donne toutefois une bien petite portion d'huile essentielle. Voilà pourquoi son prix est très élevé mais, il faut bien le dire, cette huile pure vaut son pesant d'or. On l'appelle d'ailleurs «absolue».

La pression

Cette technique est surtout utilisée pour extraire les huiles essentielles du zeste d'orange, de mandarine, de citron, de pamplemousse, etc.

Les zestes de ces fruits sont écrasés et pressés; les huiles qui s'en dégagent sont récupérées dans une éponge. Selon la méthode ancienne, on procédait manuellement. De nos jours, l'opération se fait mécaniquement.

Les critères de qualité

La majorité des huiles essentielles proviennent de cultures biologiques ou de plantes sauvages. Plus une plante a été soumise aux intempéries lors de sa croissance, meilleure est sa qualité puisqu'elle a été renforcée. Une plante trop protégée est plus faible et son essence s'en ressent.

Les pesticides et les insecticides ne passent pas dans les huiles essentielles, sauf pour les essences de citrus (orange et pamplemousse, par exemple), puisque le procédé d'extraction est différent: on presse l'écorce du fruit.

Beaucoup d'huiles essentielles sur le marché sont de piètre qualité, et ce, pour deux raisons. Tout d'abord, la composition chimique des huiles peut varier selon la variété de la plante utilisée, la terre et la méthode de culture, la température et le mode de distillation. Mais il y a aussi le fait que la chimie est tellement avancée de nos jours qu'il est possible de reconstituer une huile essentielle synthétique qui n'a pas la valeur thérapeutique des huiles naturelles.

Par ailleurs, les huiles essentielles sont souvent modifiées avec de l'alcool, de l'huile végétale ou d'autres huiles de moins bonne qualité. Leurs propriétés thérapeutiques s'en trouvent dès lors atténuées. Méfiez-vous des huiles à très bas prix. Une bonne huile essentielle coûte cher.

Comment lire une étiquette

Quand vous achetez une huile essentielle, tenez compte de quelques petits indices pour distinguer les huiles pures et de qualité de celles qui ont été altérées par l'addition de substances synthétiques ou naturelles; c'est là chose commune sur le marché, car le coût des huiles essentielles pures est élevé et qu'aucune norme de qualité n'aide le consommateur à faire un choix judicieux. Donc, voici les éléments que vous pouvez vérifier.

Premièrement, la variété botanique devrait toujours être mentionnée, car il y a plusieurs variétés dans une même espèce de plante et elles n'ont pas toujours les mêmes effets thérapeutiques. Par exemple, l'*eucalyptus globulus* travaille surtout au niveau des voies respiratoires profondes, l'*eucalyptus radiata* agit particulièrement sur les sinus, tandis que l'*eucalyptus citriodora* est surtout efficace pour soigner les inflammations articulaires.

Autre exemple typique: le thym (*thymus vulgaris*). De récentes recherches ont permis de dégager sept chimiotypes (cinéol, géraniol, linalol, terpinéol, thuyanol, thymol et carvacrol) présentant des substances dominantes différentes. Les deux derniers sont des thyms à phénol dits thyms forts (également appelés par les distillateurs «thym rouge» lorsqu'ils sont à dominante de thymol, et «thym noir» lorsqu'ils sont à dominante de carvacrol). Ils présentent par ailleurs deux inconvénients: une légère hépatotoxicité et une certaine dermocausticité. Nous recommandons donc de ne pas utiliser les thyms phénolés purs sur la peau. La même précaution vaut pour les autres huiles essentielles phénolées, particulièrement l'origan, la sarriette, le girofle, la cannelle, la muscade et le romarin.

Deuxièmement, le lieu de culture est très important. Selon le sol, la lumière et même l'air, l'huile présentera des qualités différentes. Les propriétés thérapeutiques varient donc en fonction de la composition chimique des plantes.

Troisièmement, la qualité biologique garantit l'absence de résidus de pesticides ou de minéraux indésirables. En outre, les huiles essentielles provenant de la culture biologique ou de plantes sauvages présentent une qualité et un pouvoir de radiation supérieurs. Cette qualité est conseillée pour l'utilisation en aromathérapie. Son prix élevé s'explique par un travail beaucoup plus important.

En résumé, il est souhaitable d'obtenir la triple garantie suivante:

- la variété botanique certifiée, et éventuellement le type chimique;
- le lieu de culture;
- le type de culture: agrobiologie ou plantes sauvages.

La conservation

L'huile essentielle se conserve parfaitement quelques années à l'abri de la chaleur et de la lumière. On a d'ailleurs retrouvé des essences dans des doubles jarres en terre cuite dans les pyramides d'Égypte. Les flacons en verre teinté sont un préalable à la bonne conservation des huiles essentielles. Après un ou deux ans (ou de six à neuf mois dans le cas des huiles de citrus), on ne doit plus utiliser les huiles essentielles en traitement interne.

L'eau florale est très fragile et ne se conserve pas longtemps. Elle doit être déposée dans des flacons de verre teinté à l'abri de la chaleur, et ce, pour une période maximale d'environ six mois.

Attention aux produits altérés

Certains grossistes ne se gênent pas pour trafiquer les huiles essentielles. Avec 1 litre d'huile pure, ils commercialisent 10 litres d'huile de moindre qualité. Bien sûr, le profit est intéressant et c'est ce qui justifie leur façon de procéder.

En France, par exemple, on vend beaucoup plus d'huile de lavande que l'on en produit en réalité. C'est tout simplement qu'elle est diluée avec d'autres huiles, généralement des huiles végétales. Le procédé peut être acceptable s'il s'agit d'huile de jojoba, mais il est important qu'on le signale au consommateur par une mention spéciale sur l'étiquette.

Si vous remarquez un résidu graisseux sur la peau après avoir utilisé une huile, c'est qu'elle a été altérée avec une huile végétale; donc, elle n'est pas pure. Les huiles pures ne sont pas graisseuses.

Parce que les plantes, les herbes et les fruits ne produisent pas tous la même quantité d'huile, les prix varient d'un produit à un autre. Alors, si on vous offre toutes les huiles au même prix, méfiez-vous!

Les modes d'utilisation

Il semble que les huiles essentielles appliquées sur la peau pénètrent jusqu'aux couches les plus profondes et se répandent dans les divers organes, glandes et tissus du corps.

Dès qu'elles ont franchi l'épiderme, elles entrent dans les petits vaisseaux capillaires du derme et, par le sang, elles sont acheminées dans tout le corps. Elles sont, de plus, transportées par la lymphe qui entoure toutes nos cellules.

Curieusement, par un phénomène qui est difficile à comprendre, les différentes parties du corps ne s'approprient pas nécessairement les mêmes essences. Si la violette se retrouve dans les reins, le romarin dans les intestins et le bois de santal dans la vessie, le néroli et l'ylang-ylang, de leur côté, sont attirés par le système nerveux.

Si un organe ou une glande, par exemple, a besoin d'une assistance particulière, il ou elle ira chercher l'huile qui lui est offerte et s'en servira pour rétablir l'équilibre souhaité.

Les moyens de pénétration

Il existe plusieurs façons d'utiliser les huiles essentielles. Les quatre principales sont les suivantes.

1. On peut les ajouter aux crèmes neutres, aux huiles de massage, aux lotions, aux eaux de santé, aux boues, aux algues et aux gels neutres.

2. On peut les appliquer directement sur le cuir chevelu et sur la peau avec un support d'huile végétale.

3. On peut les verser directement dans le bain ordinaire avec un support d'algues, d'huile ou de sel marin, dans la baignoire à remous, ou les utiliser dans un sauna, mais il est préférable, auparavant, d'obtenir les conseils d'un ou d'une spécialiste en la matière.

4. On peut en vaporiser dans la maison, dans les salles d'esthétique, dans les lieux de travail à l'aide d'un diffuseur aromatique.

Les modes d'application

Pour les yeux: uniquement les hydrosols (eaux florales) en compresses.

Pour le nez: en inhalation ou en aérosol. Les huiles essentielles sont tout indiquées pour les problèmes de nez, de sinus, de bronches et de poumons.

Pour la bouche: par voie orale pour les problèmes de dents, de gorge, d'estomac ou d'intestin. Il faut alors avoir recours à un aliment dispersant.

Pour les cheveux: en applications locales pour stimuler la microcirculation et la régénération.

Pour les oreilles: seule la lavande vraie convient à cette utilisation. Il est préférable de se faire des onctions sur le pourtour de l'oreille.

Pour les voies cutanées: c'est la voie la plus conseillée, aussi bien chez les enfants, les adultes que chez les personnes âgées. La pénétration se fait de façon efficace, sans gêne pour la digestion. Les huiles de massage et les bains aromatiques doivent être privilégiés.

Pour le vagin et le rectum: ce sont des voies très efficaces, mais on ne doit pas procéder à une automédication. Il faut donc toujours avoir recours aux conseils d'un ou d'une aromathérapeute.

Il est important de signaler que les huiles essentielles sont excrétées par les poumons, les reins, la peau ou la vessie, en moins de 24 heures. Il n'y a donc pas d'accumulation dans le corps, sauf dans le cas de certaines huiles hépatotoxiques.

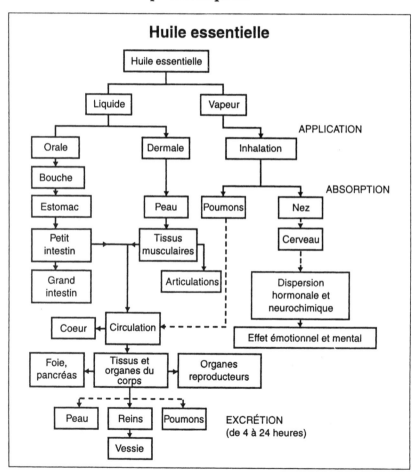

Les arômes et le cerveau

L'olfaction est très certainement la plus mal connue des fonctions de nos sens et, pourtant, elle influence une grande partie de notre vie.

L'odorat représente le sens le plus performant chez les animaux; chez l'homme, il est, avec l'audition, le premier repère sensoriel du nouveau-né.

C'est à l'odorat que de nombreuses espèces animales doivent leur survie. Grâce à son flair, le saumon retrouve le chemin de son lieu de naissance pour venir à son tour y pondre ses œufs. La papillon bombyx est capable de sentir une molécule d'hormone femelle à des kilomètres de distance et trouve ainsi sa future compagne.

La pollution, le dessèchement des muqueuses par la climatisation et le tabagisme sont autant de facteurs qui contribuent à atrophier chez l'humain ce sens pourtant indispensable à son équilibre nerveux et à sa santé générale.

Le nez et le cerveau instinctif

L'odorat est lié non seulement à la mémoire, mais aussi à notre cerveau primitif, appelé cerveau limbique, qui assure la survie de l'espèce. Il s'occupe de la régulation de nos activités sensitive, motrice et réflexe, et contrôle les pulsions primitives de la faim, de la soif et du désir sexuel. Il réagit de façon personnalisée et varie d'un individu à un autre suivant le terrain et l'équilibre nerveux, hormonal et émotionnel du moment.

Le message chimique olfactif véhiculé par les molécules aromatiques atteint les cellules olfactives nasales, puis il est transformé en vibrations électriques déchiffrées au niveau du «cerveau olfactif». Cela procure des sensations odorantes qui agissent au plus profond de notre être.

Le pouvoir de «diffusibilité»

Les huiles essentielles pures ou correctement diluées dans un produit dispersant pénètrent rapidement dans les tissus (peau ou muqueuses), sans provoquer d'effets indésirables. Absorbées par la peau ou les voies respiratoires, elles se diffusent dans le réseau sanguin, puis dans tout l'organisme en quelques minutes. Elles parviennent au niveau cellulaire et participent à la destruction des agents pathogènes tels que les microbes, les champignons, les virus et les toxines infectieuses. Elles éliminent les déchets de l'organisme tout en respectant l'intégrité de la flore bénéfique.

C'est ce pouvoir osmotique qui explique l'efficacité des huiles essentielles sur la majorité des affections virales. Les virus vivent à l'intérieur de notre corps et aux dépens de nos cellules, mais l'huile qui y pénètre réussit à détruire l'hôte indésirable.

Le réseau capillaire cutané

Les vaisseaux capillaires de la peau jouent un rôle fondamental dans la nutrition des tissus, leur renouvellement, leur hydratation et dans leur tonus. Le réseau capillaire est un véritable système de régulation thermique.

La peau respire. Elle absorbe l'oxygène qui lui est fourni par les capillaires artériels du derme et rejette le gaz carbonique capté par les capillaires veineux. Ces derniers vont ensuite épurer le sang par les veines pulmonaires. La qualité de la peau est étroitement liée à l'équilibre du système nerveux végétatif, qui commande la dilatation ou la constriction des vaisseaux cutanés.

Le rôle physiologique des huiles

Les huiles essentielles possèdent des vertus indéniables qui ont été éprouvées au fil des siècles. Nous y reviendrons souvent tout au long de ce livre, mais il convient ici d'en faire un résumé pour bien comprendre ce que l'on peut en tirer en les utilisant.

- Elles sont solvantes pour le cuir chevelu, c'est-à-dire qu'elles saponifient les graisses qui s'attaquent à la racine des cheveux en les dissolvant. Elles rétablissent donc les échanges normaux entre les vaisseaux sanguins et la racine, et favorisent une croissance rapide et une repousse naturelle.

- Elles sont revitalisantes, c'est-à-dire qu'elles stimulent l'irrigation de la racine des cheveux et des poils pour oxygéner le cuir chevelu et la peau. Elles drainent les graisses et les résidus solubles et désintoxiquent ainsi le système capillaire.

- Elles sont vitalogènes, c'est-à-dire qu'elles règlent le fonctionnement atomique à l'intérieur des cellules. Cela a pour effet de tonifier le cuir chevelu et de protéger la peau en leur donnant de la vitalité et de la souplesse. On évite ainsi la chute des cheveux; la peau bénéficie d'une protection accrue contre les rayons du soleil.

- Elles sont antiseptiques et microbicides, c'est-à-dire qu'elles tuent les microbes et les virus pathogènes par leur action bactéricide. Toutefois, on pourrait dire qu'elles ont, en même temps, une «conscience» intelligente de la vie énergétique. Si elles tuent les bactéries, elles ne s'attaquent cependant pas aux cellules elles-mêmes dont elles respectent la vie. Voici quelques exemples de propriétés anti-infectieuses.

- L'huile essentielle de cannelle tue le bacille typhique à dilution de 1 par 300.

- L'huile essentielle de camomille allemande doit à l'un de ses constituants, l'azulène, ses propriétés bactériostatiques. L'azulène est efficace à dilution de 1 par 2000 contre le staphylocoque doré, le streptocoque B hémolytique et le *proteus vulgaris*.

- L'huile essentielle de citron présente des propriétés remarquables. Les travaux de Morel et Rochais ont démontré que les vapeurs d'huiles essentielles de citron neutralisent le méningocoque, le bacille typhique, le pneumocoque, le staphylocoque doré, le streptocoque B hémolytique en des temps variables.

- Dans le domaine de la purification bactériologique de l'air par les huiles essentielles, le professeur Griffon a effectué l'expérience suivante: un mélange d'huiles essentielles fut diffusé sous forme de nuage dans une pièce. Il étudia la vitalité des germes microbiens existant en suspension dans l'air avant et après la diffusion. Après 30 minutes, sur 210 colonies microbiennes, dont 12 moisissures et 8 staphylocoques, les huiles essentielles avaient détruit dans l'air toutes les moisissures et tous les staphylocoques et n'avaient laissé que 4 colonies microbiennes. On voit donc l'efficacité que peuvent avoir les huiles essentielles, tant dans les chambres de malades que dans nos garderies, sur nos lieux de travail et à la maison.

Toutefois, même si les huiles essentielles sont des produits naturels, il faut bien les connaître avant de les utiliser. Chaque huile possède ses vertus propres et peut être recommandée en fonction des effets désirés. Si vous voulez vous assurer d'utiliser les bons produits, consultez un ou une aromathérapeute qui saura vous conseiller efficacement.

L'action synergique

La synergie résulte d'une utilisation simultanée de plusieurs propriétés pouvant renforcer l'effet de chaque huile essentielle. Le mélange de plusieurs huiles essentielles ayant des propriétés similaires donnera un produit dont l'effet sera plus puissant.

Il faut cependant tenir compte de l'incompatibilité de certaines huiles essentielles entre elles. Par exemple, il ne faut jamais mêler une huile essentielle relaxante à une huile tonifiante.

Les modes d'utilisation

La durée moyenne d'un traitement aux huiles essentielles peut varier de deux semaines à deux mois afin d'éviter de provoquer un déséquilibre qui aurait l'effet contraire à vos attentes.

Pour les maladies bénignes et familières, dès qu'il y a amélioration, on doit poursuivre le traitement pendant une semaine, puis diminuer progressivement les doses.

Pour une cure d'entretien ou pour des affections telles que le rhumatisme, on recommande un traitement de deux à trois mois, suivi d'un arrêt de même durée. On reprend ensuite le traitement avec des huiles complémentaires.

La prise la plus importante est celle du matin au lever, à jeun. Elle peut suffire pour un traitement d'entretien ou peut être doublée d'une prise le soir, au coucher, s'il ne s'agit pas d'huiles trop tonifiantes comme la cannelle, le citron, le gingembre, le girofle, le romarin ou la sarriette, question de ne pas gêner le sommeil.

Les huiles essentielles peuvent être suggérées pour les utilisations suivantes: friction, inhalation, vaporisation, bains aromatiques, diffusion, bains de pieds, compresses, massages et soins de la peau. Pour plus de détails concernant ces pratiques, je me permets de vous renvoyer au chapitre 8 de mon premier livre, *Les huiles essentielles, l'aromathérapie*.

Dans certains cas, il est possible de faire un usage interne, mais il ne faut pas dépasser une dose de 3 gouttes par jour, sauf sur avis d'un ou d'une thérapeute.

On utilise habituellement 2% ou 3% d'huile essentielle dans un diluant naturel de base. Voici quelques exemples d'équivalences pour les proportions à utiliser.

- 20 gouttes d'huile essentielle équivalent à 1 mL;
- 5 mL d'huile essentielle valent 1 c. à thé;
- 15 mL égalent 1 c. à soupe.

Les huiles essentielles doivent souvent être diluées dans un solvant naturel, comme de l'huile d'amande douce, de l'huile de germe de blé, de la crème neutre ou de l'huile de millepertuis, etc. À titre d'exemple, on dilue:

- 10 gouttes d'huile essentielle dans 20 mL de solvant naturel;
- 25 gouttes dans 50 mL de solvant naturel;
- 50 gouttes dans 100 mL de solvant naturel.

Le tableau suivant vous donnera une idée plus précise du nombre de gouttes d'huile à utiliser par quantité de transporteur.

Méthode d'application	Nombre de gouttes	Quantité de transporteur
Huile de massage	15 25-30 40-60	30 mL 60 mL 120 mL
Massage localisé	25-30	30 mL
Acupression	50-60	30 mL
Pur	1-2	(Huiles non irritantes seulement)
Huile faciale	10	30 mL
Vapeur faciale	5-7	par 500 mL (2 tasses) d'eau
Masque facial	3-5	ajouter à la glaise, à l'argile, aux algues
Huile capillaire	25	30 mL
Inhalation	5-7	dans un plat d'eau chaude
Microdiffusion	5-10	pure
Humidificateur	3-10	ajouter au contenant prévu à cet effet
Bain	5-15	avec support
Compresses	4-6	dans un plat d'eau chaude
Vaporisation	8-10 (figure) 30-40 (corps) 80-100 (pièce)	par 120 mL d'eau distillée par 120 mL par 120 mL
Embaumement	30-40	par 120 mL (imbiber une serviette et couvrir le corps)
Jacuzzi	3 par personne	ajouter à l'eau
Sauna	1-2	par 250 mL (1 tasse) d'eau
Douche	4-8	imbiber un linge et frotter le corps vigoureusement ou avec un savon neutre
Sels de bain ou algues	15	par 125 mL ($^1/_2$ tasse) [utiliser le sel d'Epsom et le sel de mer en quantités égales]

Table des mesures	
Gouttes	Huile de base
0-1	$\frac{1}{5}$ c. à thé
2-5	1 c. à thé
4-10	2 c. à thé
6-15	1 c. à soupe
8-15	4 c. à thé
10-20	5 c. à thé
12-30	2 c. à soupe
1 c. à thé	= 5 mL
1 c. à soupe	= 15 mL
20 gouttes	= 1 mL

Les précautions

Toutes les recherches scientifiques concernant les huiles essentielles ont conclu que la majorité d'entre elles ne présentent aucun risque pour la santé, bien que certaines puissent être considérées comme toxiques. En fait, elles sont bien moins dangereuses que bien d'autres produits qui composent notre alimentation et notre médication.

Ce qui peut rendre les huiles essentielles problématiques, c'est qu'elles constituent un concentré très puissant des propriétés de la plante elle-même. En fait, la plante ne contient que 1% d'huile essentielle, mais quand elle est soumise au procédé de distillation, on obtient une huile pure (100%).

Que ce soit par contact dermal, oral ou par d'autres méthodes, la toxicité dépend de la dose employée. Prises en grande quantité, certaines huiles peuvent être mortelles ou, dans certains cas, causer des problèmes au foie et aux reins. La toxicité peut se manifester dès la première utilisation ou par suite d'une utilisation prolongée.

Malgré tout, on peut dire que la vaste majorité des huiles essentielles ont un faible taux de toxicité, beaucoup plus faible que certains produits commerciaux comme l'aspirine. Il faudrait qu'un adulte boive une pleine tasse d'huile pour trouver la mort. Considérant le coût élevé, en avez-vous les moyens?

Certaines personnes à la peau particulièrement sensible pourront observer des réactions allergiques lorsqu'elles utilisent des huiles essentielles. Cela pourrait aller d'une éruption à de la rougeur, ou causer une sensation de brûlure, une formation d'ampoules ou une simple irritation. Il convient donc de faire l'essai d'une très petite dose avant de commencer un traitement. (Voir à ce sujet le tableau des familles biochimiques pour les huiles dermocaustiques.)

Les contre-indications

- Les bébés de moins de 18 mois et les personnes âgées ont la peau plus sensible que les autres. Il faut donc diminuer les doses dans leur cas. Il est même préférable d'utiliser plutôt des eaux florales (hydrolats).

- Les personnes souffrant d'insomnie devraient éviter la menthe, le romarin, la coriandre et certaines autres huiles aux vertus stimulantes.

- Les personnes souffrant de problèmes gastriques et d'ulcères devraient éviter les huiles tirées de la cannelle, du clou de girofle, de l'origan et des graines de persil.

- Les personnes souffrant de problèmes urinaires ou rénaux devraient éviter l'eucalyptus, le persil et le poivre noir.

- Les femmes enceintes devraient éviter l'emploi des huiles essentielles durant les trois premiers mois de leur grossesse, à l'exception de la rose, du néroli, de la lavande et de la camomille qui sont sans effet sur le bébé. Le romarin, le fenouil et la menthe ne devraient pas être utilisés pendant les quatre premiers mois de la grossesse mais, en petites doses, elles sont sans danger par la suite.

- Les hommes chez qui un cancer de la prostate a été détecté doivent éviter le pin, le thym sauvage, l'angélique, l'hysope et le basilic.

- Les personnes qui souffrent de haute pression sanguine doivent éviter le cyprès, l'hysope, le camphre, le romarin et les différents thyms.

- Les personnes qui souffrent de basse pression sanguine doivent éviter la marjolaine et l'ylang-ylang.

- **Les huiles à éviter sur la peau:** inula, amande amère, bergamote, camphre, cannelle, sassafras, anis, benjoin, clou de girofle, gingembre, origan, orange, poivre noir, menthe, sauge, sarriette et thym.

- **Les huiles essentielles irritantes pour la peau:** basilic, citron, verveine, mélisse, menthe et thym. Ces huiles peuvent irriter la peau si elles sont utilisées dans le bain. Si on veut s'en servir malgré tout, il suffit de diluer de 3 à 4 gouttes d'huile essentielle dans 30 mL (2 c. à soupe) d'huile d'amande douce ou d'huile de germe de blé.

- **Les huiles pouvant causer des irritations si elles sont utilisées de façon régulière:** laurier, citronnelle, coriandre, sauge sclarée, fenouil, jasmin, genièvre, citron, orange, pin, rose, ylang-ylang et romarin.

- **Les huiles à éviter sur les taches brunes, les tâches de rousseur, les mélanomes et autres cancers de la peau:** tous les citrus et le sassafras.

- **Les huiles à éviter lors de l'exposition au soleil ou à d'autres sources de lumière violente:** angélique, bergamote, cèdre, cumin, cannelle, gingembre, pamplemousse, citron, lime, mandarine, orange, patchouli, verveine et laurier.

Quelques conseils

- Conservez toujours vos bouteilles dans un endroit sécuritaire, hors de la portée des enfants.
- N'utilisez pas d'huile essentielle sur ou près des yeux. S'il survenait un accident malgré tout, rincez abondamment avec de l'eau. Si de l'huile pure venait en contact avec les yeux, rincez avec du lait ou de l'huile végétale pour diluer le produit et voyez un médecin sans tarder.
- N'appliquez jamais une huile pure sur la peau sans avoir été conseillé par un ou une spécialiste. Si un accident survient, appliquez sur la peau une bonne couche de crème ou d'huile végétale.
- Les huiles essentielles devraient toujours être diluées pour un massage sur tout le corps; l'excès peut causer des maux de tête et de la nausée. Dans ces cas, buvez beaucoup d'eau et allez prendre l'air quelque temps.

Les précautions à prendre si vous travaillez fréquemment avec des huiles essentielles

- Utilisez les huiles en dilution.
- Évitez tout contact en portant des gants si vous devez faire de l'embouteillage.
- Ventilez toujours la pièce où vous travaillez.
- Prenez des temps d'arrêt fréquents.

- Enlevez, entre les traitements, tout résidu d'huile en vous lavant les mains et en utilisant une crème neutre.

Les thérapeutes qui traitent leurs clients avec des huiles sédatives et relaxantes sur une période prolongée peuvent affaiblir leur système immunitaire. On leur conseille d'utiliser des huiles stimulantes sur eux-mêmes entre les traitements.

La chimie des huiles essentielles

Les acides

Propriétés :

Anti-inflammatoire très puissant, hypothermique, hypotenseur.

Observations :

Composants minoritaires, mais très efficaces, manifestés sous forme d'éthers et d'esters, ils sont rarement décelables à l'état libre.

Composants biochimiques :

Salycilique, camphonellique, pinique, géranique, citronnellique, formique, acétique.

Huiles essentielles riches :

Eugenia caryophyllata, Juniperus communis, Pelargonium graveolens, Gaultheria fragrantissima.

Les alcools monoterpéniques

Propriétés :

Immunostimulant, neurotonique, bactéricide, viricide, fongicide.

Observations :

Moins «agressifs» que les phénols, ils sont tout de même de très bons anti-infectieux.

Composants biochimiques :

Citronnellol, géraniol, linalol, terpinéal, menthol, bornéol, transpinocarvol, gaïacol, thuyanol, nérol, lavandulol, myrténol, cuminol, fenchol.

Huiles essentielles riches :

Eucalyptus citridora, Pelargonium graveolens, Thumus vulgaris, Origanum majorana, Mentha piperita, Rosmarinus officinalis, Chamaemelum nobile, Gaïacum officinalis, Thuya occidentalis, Cymbopogon nardus, Lavandula hybrida, Myrtus communis, Cuminum cyminum, Ocinum basilicum.

Les alcools sesquiterpéniques

Propriétés :

Tonique général, immunostimulant.

Observations :

Ils sont non toxiques.

Composants biochimiques :

Viridiflorol, santalol, cédrol, patchoulol, carvéol, octène 3 ol, globulol, daucol, carotol, bisabolol, anthemol, salviol, scaréol.

Huiles essentielles riches :

Melaleuca quinquenervia, Santalum album, Pistachia lentiscus, Pogeston patchouli, Carum carvi, Origanum compactum, Eucalyptus globulus, Daucus carota, Chamomilla matricaria, Chamaemelum nobile, Salvia officinalis, Salvia sclarea.

Les aldéhydes

Propriétés :

Anti-inflammatoire, calmant du système nerveux, hypothermique, immunostimulant.

Observations :

Attention au cinnamaldéhyde du *Cinnamomum zeylanicum*, une écorce qui n'a rien d'apaisant.

Composants biochimiques :

Géranial, néral, citronnellal, cuminal, myrtenal, cinnamaldéhyde, benzaldéhyde, aldéhyde anisique.

Huiles essentielles riches :

Lippia citriodora, Citrus auranthium zeste, Eucalyptus citriodorus, Cuminum cyminum, Myrtus communis, Cinnamomum zeylanicum, Cistus ladaniferum, Pimpinella anisum.

Les azulènes et les sesquiterpènes

Propriétés :

Hypothermique, anti-inflammatoire, sédatif.

Observations :

Les azulènes donnent une couleur bleue aux huiles essentielles.

Composants biochimiques :

Sélinène, germacrème, humulène, caryophyllène, bisabolène, viridiflorène, aromadendrène, zingibénone, cadinène, phellandrène, longifolène, calamenène, azulène, chamazulène, gaïazulène.

Huiles essentielles riches:

Apium graveolens, Lippia citriodora, Humulus lupulus, Lavandula vera, Chamomilla matricaria, Maleleuca quinquenervia viridiflorolifera, Eucalyptus globulus, Zingiber officinalis, Cananga odorata, Cinnamomum zeylanicum, Pinus sylvestris, Satureia montana, Artemisia arborescens, Gaïacum officinalis.

Les cétones

Propriétés:

Anticoagulante, mucolytique, lipolytique, calmante, sédative, immunostimulante, hypothermique, cicatrisante.

Observations:

Une posologie inadéquate peut provoquer une inversion rapide des effets. Les cétones sont neurotoxiques à haute dose.

Composants biochimiques:

Thuyone, pinnocamphone, fénone, méthylnonicétone, bornéone, fenchone, isoartémisiacétone, cryptone, menthone, carvone, pinocarvone, transpinocarvone, verbénone, pulégone, méthyllepténone, méthylamylcétone, zingibénone.

Huiles essentielles riches:

Salvia officinalis, Hyssopus officinalis, Thuya occidentalis, Ruta graveolens, Lavandula spica, Lavandula stœchas, Santolina chamaecyparissus, Eucalyptus camaldulensis, Mentha piperita, Carum carvi, Eucalyptus globulus, Chamaemelum nobile, Rosmarinus officinalis à verbénone, Mentha pulegium, Cymbopogon nardus, Eugenia caryophyllata, Zingiber officinalis.

Les coumarines

Propriétés:

Hypothermique, anticoagulante, sédatif nerveux, diminution de l'excitation réflexe, anticonvulsive, hypotensive.

Observations:

Les furocoumarines sont photosensibilisantes et les pyranocoumarines sont hépatotoxiques.

Composants biochimiques:

Célerine, gerniarine, santonine, herniarine, furocoumarines, pyranocoumarines (visnadine, helline, visnagnine).

Huiles essentielles riches:

Apium graveolens, Lavandula vera, Santolina chamaecyparissus, Artemisia draconculus, Angelica archangelica, Ammi visnaga.

Les diones et les lactones

Propriétés:

Très anticoagulante, antispasmodique, mucolytique, hypothermique.

Observations:

Les diones et les lactones sont des composants minoritaires, mais très actifs.

Composants biochimiques:

Iridione, alentolactone, lactones sesquiterpéniques.

Huiles essentielles riches:

Helichrysum italicum var. serotino, Chamaemelum nobile, Chamomilla matricaria.

Les éthers

Propriétés:

Spasmolytique très puissant, rééquilibrant nerveux mais très calmant, antidépresseur.

Observations:

Très proches des esters, mais avec une action décontractante plus poussée.

Composants biochimiques:

Carvacrol méthyle éther, thymol méthyle éther, méthyleugénol, méthychavicol, myrténo-méthyle-éther.

Huiles essentielles riches:

Satureia montana, Thymus vulgaris, Melaleuca leucadendron, Ocimum basilicum, Hyssopus officinalis.

Les esters

Propriétés:

Antispasmodique, calmant, tonique, rééquilibrant nerveux.

Observations:

Souvent, les esters présents dans les huiles essentielles correspondent aux alcools présents.

Composants biochimiques:

Acétates de néryle, de terpényle, de lavandulyle, de linalyle, de menthyle, de bornyle, de géranyle, de myrtényle, benzoate de benzyle, angélate d'isobutyle, salycilate de méthyle, formiates de citronnellyle et de géranyle.

Huiles essentielles riches:

Helichrysum italicum serotino, Laurus nobilis, Lavandula hybrida, Lavandula vera, Mentha piperita, Cistus ladaniferum, Cymbopogon martini, Myrtus communis, Cananga odorata, Chamaemelum nobile, Gaultheria procubens, Pelargonium graveolens.

Les monoterpènes

Propriétés:

Antiseptique atmosphérique, peu microbicide par contact, stimulant général.

Observations:

Dermocaustiques, surtout la pinène, la paracymène, le limonène.

Composants biochimiques:

Alpha pinène, bêta pinène, paracymène, limonène, phellandrène, terpinène, camphène, cimène, carène, dipentène, myrcène, sabinène.

Huiles essentielles riches:

Pinus sylvestris, Origanum campactum, Thymus vulgaris (à paracymène), *Cymbopogon citratus, Angelica archangelica, Origanum majorana* (alpha et bêta), *Salvia officinalis, Cinnamomum zeylanicum, Cupressus sempervirens, Cymbopogon martini, Lavandula vera, Juniperus sabina.*

Les oxydes

Propriétés:

Propriété bronchopulmonaire, mucolytique, expectorant, décongestionnant.

Observations:

Le 1,8 cinéol est l'oxyde le plus fréquent. Les propriétés des oxydes dépendent de leurs formules chimiques propres.

Composants biochimiques:

1,8 cinéol, pipéritonoxyde, menthofuranne, ascaridol, safrol, bisaboloxyde.

Huiles essentielles riches:

Eucalyptus radiata, Mentha piperita, Mentha suaveolens, Chenopodium anthelmaticum, Sassafras albidum, Chamomilla matricaria.

Les phénols

Propriétés:

Bactéricide, viricide, fongicide, parasiticide, immunostimulant, hypertensif, hyperthermique.

Observations:

Composants biochimiques dangereux, hépatotoxiques et dermocaustiques.

Composants biochimiques:

Carvacrol, thymol, australol, eugénol, chavicol.

Huiles essentielles riches:

Origanum compactum, Thymus vulgaris, Eucalyptus polybractea, Eugenia caryophyllata, Piper nigrum.

Les huiles végétales et les autres transporteurs

En raison de leur niveau élevé de concentration, les huiles essentielles doivent être diluées avant d'être appliquées sur la peau. Selon l'usage que l'on veut en faire, on peut les diluer avec des huiles végétales, des algues ou de l'argile.

Les huiles végétales

Les huiles végétales possèdent leurs propres vertus thérapeutiques; comme elles peuvent être ingérées, elles constituent les meilleurs transporteurs. Toutefois, seules les huiles obtenues selon des exigences bien définies devraient être utilisées. Elles ont l'avantage de fournir, sous une forme naturelle, les acides gras essentiels et les vitamines liposolubles. Les huiles végétales ont des caractéristiques bien précises; ce ne sont pas toutes les huiles végétales qui peuvent être utilisées pour les soins de la peau.

Voici la liste des principales huiles à choisir. Il est important de s'y conformer.

L'huile de noyaux d'abricot *(Prunus america)*

Presque sans couleur, sans odeur, elle est idéale pour les traitements faciaux. Elle peut être utilisée seule ou en synergie avec d'autres huiles végétales (jusqu'à 30% dans une synergie en raison de son coût peu élevé). L'huile de noyaux d'abricot contient des minéraux et des vitamines; elle est considérée comme un hydratant naturel pour les peaux sèches.

Composition

Palmitique:	4,6%
Palmitoléique:	8%
Stéarique:	1%
Oléique:	61%
Linoléique:	32,6%

L'huile d'avocat (Persea americana)

Voilà une huile très riche et nourrissante dont la couleur dépend du procédé d'extraction. Si elle est très verte, elle sera très épaisse et dégagera une forte odeur. Obtenue par la peau de l'avocat, cette huile est riche en vitamines A, B_1, B_2, D, E, en acide pantothénique, en protéines et en lécithine. Elle est excellente pour les peaux très sèches, car elle calme les irritations dues à la déshydratation. Elle aide aussi à prévenir les vergetures durant la grossesse. On peut en utiliser jusqu'à 20% dans une synergie d'huiles végétales. L'huile d'avocat est très recommandée pour tout le corps.

Composition

Palmitique:	de 9% à 16%
Palmitoléique:	de 2,2% à 6,8%
Stérique:	de 0,4% à 2%
Oléique:	de 60% à 74%
Linoléique:	de 8% à 15%

L'huile de bourrache *(Borago officinalis)*

La bourrache est une très jolie plante qui offre une fleur bleue en forme d'étoile au cours des mois de juillet et d'août. Obtenue par l'extraction des graines de la plante, l'huile de bourrache est plutôt dispendieuse. Parce qu'elle est peu odorante, elle est très plaisante à utiliser. Riche en vitamines, en minéraux et surtout en acides gamma linoléniques, elle est recommandée pour aider à traiter la surface de l'épiderme. Voilà l'huile à utiliser si vous voulez retarder le vieillissement prématuré de la peau et traiter le psoriasis et l'eczéma. Vous pouvez en utiliser jusqu'à 10% dans une synergie d'huiles végétales.

Composition

Acide gamma linolénique:	de 19% à 23%
Oléique:	de 3% à 6%
Linoléique:	de 14% à 27%
Linolénique:	de 32% à 42%

L'huile de carotte *(Daucus carota)*

Extraite des graines par distillation, l'huile de carotte est une source abondante de vitamine A et peut s'incorporer à tout mélange. Il suffit d'ajouter quelques gouttes dans une synergie pour profiter de son pouvoir de régénération cellulaire. Cette huile est particulièrement recommandée pour les traitements faciaux. Attention, il ne faut pas l'utiliser trop abondamment, car elle peut donner une couleur jaunâtre à la peau! Une concentration de 10% dans une synergie d'huiles végétales est appropriée.

Composition

Calcium:	18 mg
Fer:	0,04 mg
Provitamine A:	5500 U.I.
Vitamines B,C, D, E et de nombreux sels minéraux	

L'huile d'onagre *(Œnothera biennis)*

De couleur jaunâtre avec une légère odeur, l'huile d'onagre peut être utilisée seule pour traiter l'eczéma, le psoriasis et les problèmes menstruels. Elle est obtenue par les graines d'une plante dont la grosse fleur jaune ne fleurit que le soir. Les vitamines, les minéraux, l'acide gamma linolénique, l'acide linoléique (ses composantes) se changent en prostaglandine servant à la construction de la membrane cellulaire. On dit d'elle qu'elle aide les peaux matures et ridées. De fait, des études ont démontré que l'utilisation de l'huile d'onagre améliore l'état des ongles, des cheveux et de la peau. Une concentration de 10% dans une synergie d'huiles végétales est appropriée.

Composition

Acides saturés:	19%
Acides insaturés:	81%
Acide oléique:	11%
Acide linoléique:	72%
Acide gamma linolénique:	9%

L'huile d'amande douce *(Prunus amygdalus)*

Il faut distinguer ici deux sortes d'amandiers: celui qui produit des amandes douces et celui qui produit des amandes amères et toxiques. L'huile d'amande douce peut être incolore ou d'un jaune très pâle. De saveur très douce et agréable, elle est similaire à l'huile de noyaux d'abricot et de pêche. Elle est recommandée pour les massages; riche en vitamines, en minéraux et en protéines, elle peut être utilisée pour tous les types de peau. Quelques personnes sont allergiques à cette huile, mais c'est souvent une question de qualité du produit. Les personnes sensibles peuvent utiliser à la place l'huile de noyaux d'abricot ou de pêche. Une concentration de 80% dans une synergie d'huiles végétales est appropriée.

Composition

Vitamines:	A, B_1, B_2, B_3, B_5, B_6, C et E
Minéraux:	S, P, CL, NA, K, CA, FE, ZN, CU, MN
Acide oléique:	75%
Acide linoléique:	de 15% à 20%
Acides saturés:	de 3% à 6%
Acides insaturés:	de 92% à 95%

L'huile de pépins de raisins *(Vitis vinifera)*

La couleur de l'huile obtenue de l'extraction des pépins de raisins varie du jaune pâle au vert selon la pureté du procédé. De texture légère, cette huile pénètre très rapidement la peau lors de son application. Ses qualités tonifiantes et nettoyantes en font l'huile toute désignée pour les traitements faciaux. Elle est riche en protéines, en minéraux et en vitamines. Comme l'huile de pépins de raisins est très recherchée, il faut faire attention à sa composition: souvent, les producteurs n'hésitent pas à offrir un produit de moindre qualité pour satisfaire à la demande. Une concentration de 80% dans une synergie d'huiles végétales est appropriée.

Composition

Oléique:	de 15% à 25%
Linoléique:	de 65% à 75%

L'huile de noisette *(Corylus avellana)*

De couleur jaune ambrée, l'huile de noisette a une odeur particulièrement forte. Elle peut servir de remplacement à l'huile d'amande douce. Ses qualités astringentes en font un très bon produit pour les peaux grasses et sensibles. Il est bon de l'utiliser en synergie avec d'autres huiles à cause de son odeur. Il faut la réfrigérer après usage. Une concentration de 40% dans une synergie d'huiles végétales est appropriée.

Composition

Vitamines:	A, B$_1$, B$_2$, B$_3$, C et E
Minéraux:	S, P, CL, NA, K, MN, FE, ZN, CU, MG, CA, FE
Acide linoléique:	6%
Acide oléique:	86%
Acides saturés:	de 6,6% à 8,8%
Acides monoinsaturés:	de 72,3% à 83,5%
Acides polyinsaturés:	de 12% à 20,2%

L'huile de jojoba (Simmondsia chinensis)

En raison de sa structure moléculaire, on la classe dans la catégorie des cires plutôt que des huiles. La plante, originaire des déserts du Mexique et de l'Arizona, produit une substance unique qui protège du soleil et de la chaleur. Elle est largement utilisée dans les cosmétiques, car elle est très vite absorbée par l'épiderme. Riche en vitamines, elle est reconnue pour son pouvoir cicatrisant. Sur les peaux acnéiques, elle aide à résorber l'excès de sébum. On peut en utiliser jusqu'à 20% dans une synergie, car elle est riche sans être grasse. Son prix est élevé toutefois.

Composition

L'huile de jojoba consiste en une longue chaîne d'esters formés par une combinaison de C-20 et C-22 d'acides gras et d'alcool gras.

L'huile d'olive *(Olea europea)*

La couleur de l'huile d'olive peut aller du vert pâle au vert foncé selon la maturité du fruit. La couleur de l'huile est la meilleure indication pour le choix d'une huile de qualité: elle devrait être du vert le plus foncé.

On obtient l'huile de meilleure qualité par première pression (quelques huiles de moins bonne qualité sont obtenues par plusieurs pressions successives). Il faut toujours utiliser l'huile de la meilleure qualité pour traiter la peau.

Lorsqu'elle est utilisée en cosmétique, elle fortifie les ongles, soulage les brûlures, soigne l'eczéma et le psoriasis, contrôle la chute des cheveux et constitue un excellent traitement pour les cheveux secs.

À cause de sa consistance visqueuse et de son odeur prononcée, elle devrait être mélangée à d'autres huiles, dans une dilution de 10% à 30%.

Composition

Acides polyinsaturés:	9%
Acides monoinsaturés:	76%
Acides saturés:	15%
Acide oléique:	76%
Acide linoléique:	7%
Acide linolénique:	0,5%

L'huile de rose musquée *(Rosa mosquete)*

Extraite des petites graines du fruit de la rose sauvage (églantier) qui pousse principalement en Amérique du Sud, cette huile est très riche en vitamine C.

En 1978, le docteur Carlos Vasquez découvrit que l'huile de rose musquée était excellente pour traiter les cas de brûlures sérieuses; de fait, les plaies guérissaient beaucoup plus vite. De plus, elle aide à la cicatrisation et raffermit la peau. Une concentration de 10% dans une synergie d'huiles végétales est appropriée.

Composition

Acide linoléique:	41%
Acide linolénique:	39%
Acide oléique:	16%
Acide ascorbique:	1,25%
Flavonoïde:	35%
Pectine:	4,6%

Le mode d'emploi des huiles dans les mélanges

Quand on prépare un mélange pour les soins de la peau, il faut incorporer une petite quantité d'huile essentielle à une ou plusieurs huiles végétales; la dose suggérée est de 2% à 5% pour un adulte. Dans le cas d'un bébé, on utilisera le quart de cette dose et dans le cas d'un enfant, la moitié. Le tableau ci-dessous indique comment préparer ces mélanges pour un adulte.

Huile végétale	Huiles essentielles	
	2%	5%
5 millilitres	2	5 gouttes
10 millilitres	4	10 gouttes
15 millilitres	6	15 gouttes
20 millilitres	8	20 gouttes
25 millilitres	10	25 gouttes
30 millilitres	15	30 gouttes
40 millilitres	20	40 gouttes
50 millilitres	25	50 gouttes

Pour un traitement facial aux huiles essentielles, il faut toujours utiliser un dosage de 1% à 2%, car la peau du visage est très sensible. Avec 5 millilitres d'huile végétale et une ou deux gouttes d'huile essentielle, vous devriez en avoir assez pour couvrir la figure, le cou et les épaules.

Les algues

Les algues semblent bien avoir été les premiers êtres vivants sur terre et il est vraisemblable de penser que, sans elles, notre planète ne serait encore qu'un vaste désert. Voilà plus de trois milliards d'années, une microgouttelette de matière organique, se nourrissant d'eau traversée de lumière, serait devenue une algue unicellulaire qui a permis à la vie de se développer.

On dénombre de nos jours quelque 25 000 espèces d'algues. Qu'elles soient vertes, brunes, rouges ou bleues, microscopiques ou de plusieurs dizaines de mètres de longueur, les algues nous apportent déjà beaucoup sans que nous en soyons conscients. Mais si nous leur prêtions toute l'attention qu'elles méritent, nous en serions les premiers bénéficiaires.

Une définition

Les algues sont des plantes aquatiques ayant un mode de vie autotrophe, c'est-à-dire qu'elles fabriquent elles-mêmes, grâce à leurs fonctions chlorophylliennes, les substances organiques dont elles ont besoin pour assurer leur survie.

Leur consistance peut varier selon les espèces. Elles peuvent être très souples et même élastiques, relativement rigides, charnues, cartilagineuses ou dures comme de la pierre.

Leur couleur dépend d'un complexe pigmentaire responsable de la photosynthèse. La chlorophylle donne naissance aux pigments verts, le caroténoïde, aux pigments jaunes et orange, et la phycobiline, aux pigments rouges et bleus.

Certaines algues sont récoltées sur le rivage, d'autres près de la rive et d'autres encore dans les fonds marins.

Les algues épaves que l'on récolte sur le rivage se sont détachées du fond de la mer à la fin de leur cycle végétatif et ont été portées par les flots jusqu'à ce qu'elles soient rejetées sur la côte. Elles sont généralement mélangées à du sable et à divers déchets. On récupère les moins endommagées directement sur la plage ou dans les criques où elles sont venues s'échouer. Les grosses tempêtes en amènent des amas considérables.

Les algues de rive sont fixées au fond de la mer et sont découvertes à marée basse. Elles sont coupées à ce moment-là avec de simples couteaux ou à l'aide de longues serpes spécialement conçues à cet effet.

Enfin, les algues de fonds sont découvertes dans les parties les plus profondes de la mer et elles sont récoltées, soit par des plongeurs expérimentés, soit directement à partir de bateaux équipés spécialement pour l'opération. Elles doivent être ramenées à terre le plus rapidement possible pour éviter la fermentation.

Dans tous les cas, la récolte des algues se fait au printemps, au moment où elles sont en pleine activité biologique.

Leur utilisation

On utilise les algues dans l'alimentation, en médecine naturelle et en cosmétologie.

En alimentation, diverses sociétés en consomment depuis des siècles. C'est le cas notamment de l'Orient (en Chine, au Japon et en Inde) qui en a toujours fait un usage régulier et important. Dans les périodes de grandes famines, des populations entières ont été sauvées grâce à elles.

Aujourd'hui, notre alimentation faible en éléments vitaux porte de plus en plus de personnes à consommer des algues, justement pour combler ces lacunes. La plupart des algues sont à même de nous offrir l'ensemble complet des éléments indispensables à notre bon équilibre alimentaire et présentent, de ce fait, d'excellentes possibilités pour prévenir, voire parfois guérir, de nombreuses affections. Les algues se consomment sous leur forme naturelle comme mets d'accompagnement. Elles peuvent aussi être incorporées à certains aliments tels que les biscottes et le sel marin. On fabrique également des poudres, des comprimés et des gélules d'algues; ces produits sont vendus dans les magasins d'aliments naturels.

Dans le domaine médical, les algues sont prescrites comme stimulants du métabolisme général. Parce qu'elles présentent un taux d'iode très élevé, elles sont recommandées pour activer certaines glandes endocrines.

Enfin, dans le domaine de la cosmétologie, on a découvert que les algues permettent à la peau de résister aux agressions multiples dont elle est l'objet. Par leur action stimulante, elles améliorent la circulation sanguine à l'origine de certaines surcharges graisseuses et de la cellulite. Elles raffermissent les tissus cutanés et sont donc recommandées pour la prévention et le traitement des rides. Rééquilibrantes, elles régularisent les problèmes de peaux grasses, sèches ou sensibles. Enfin, leur action détoxicante permet une meilleure élimination des déchets des glandes sudoripares et sébacées.

En règle générale, on peut donc dire que l'usage des algues en cosmétologie préserve ou restaure la douceur, la souplesse et la tonicité de la peau et freine ainsi son vieillissement. L'ajout d'huiles essentielles améliore leurs performances.

L'argile et la boue minérale

Dans l'Antiquité, l'argile était utilisée contre les inflammations, les ulcérations et servait même à embaumer les corps; déjà ses pouvoirs antiseptiques étaient reconnus. Chez les Romains, elle était utilisée pour les fractures et les bains de boue afin de lutter contre le vieillissement de la peau.

Délaissée pendant de nombreuses années, l'argile thérapeutique et cosmétique a récupéré ses lettres de noblesse: elle est de nouveau appréciée et reconnue pour ses vertus naturelles dans les domaines de la phytothérapie, de l'homéopathie et de l'aromathérapie.

Les recherches scientifiques ont permis de découvrir que l'argile montmorilonite, grâce à sa constitution micromoléculaire, possède la faculté d'absorber des molécules prébiotiques qui adhèrent à sa surface. L'argile entrave la prolifération des microbes et des bactéries pathogènes tout en favorisant la reconstitution cellulaire saine.

L'argile agit également comme catalyseur des fonctions vitales. Elle facilite les transformations des synthèses couramment accomplies par l'organisme. Elle active la cicatrisation et ne laisse que peu ou pas de traces de plaies. Elle draine les toxines que notre corps ne parvient plus à éliminer. Elle reminéralise et renforce les fonctions d'assimilation. Elle rééquilibre l'organisme et, appliquée sur une partie vitale, elle a une action profonde. Les traitements d'argile peuvent être prolongés sans aucun danger.

Les qualités exceptionnelles de l'argile

- Antiseptique, elle détruit les agents pathogènes sans agresser les tissus sains environnants.

- Cicatrisante, elle régénère les tissus et gomme les cicatrices grâce à la silice, à l'aluminium et au zinc qu'elle contient.

- Absorbante, elle draine toutes les infections purulentes et absorbe les œdèmes.

- Sédative, elle calme les douleurs locales ou générales, qu'elles soient d'origine inflammatoire ou traumatique.

- Hémostatique, elle agit sur le temps de coagulation.

- Reminéralisante, elle transmet à l'organisme les sels minéraux nécessaires à son équilibre biologique.

- Stimulante, elle active la circulation sanguine.

- Rééquilibrante, elle apporte assez de sels minéraux pour permettre à l'organisme de retrouver ses défenses naturelles.

Le choix des huiles essentielles

Faire un mélange avec des huiles essentielles et un solvant naturel ne consiste pas uniquement à verser ces huiles dans une bouteille. L'efficacité du produit obtenu dépend, en grande partie, de la qualité des produits utilisés et de l'expertise de la personne qui vous les a suggérés.

Vous trouverez, dans les pages qui suivent, différentes données qui vous en apprendront beaucoup sur les familles biologiques, les précautions fondamentales à respecter, le degré d'évaporation, les notes de tête, de cœur et de base, et l'intensité des odeurs des huiles essentielles.

N'oubliez pas que c'est aussi une partie de vous-même que vous mettez dans le mélange, et que vous devez être dans un état de bien-être et de joie lorsque vous le préparez.

Les précautions fondamentales à respecter

1. Choisir des huiles essentielles de qualité irréprochable et contrôlée. Éviter les «essences», même dites naturelles. Les huiles essentielles provenant

de la distillation de plantes sauvages ou de cultures saines possèdent des vertus supérieures à celles qui sont issues de plantes cultivées à l'aide de substances chimiques.

2. Certaines huiles essentielles sont très «agressives». C'est le cas du girofle, de l'origan, de la sarriette, du thym et de la cannelle. Elles ne doivent jamais être utilisées à l'état pur sur la peau, sauf en usage externe très localisé (boutons, verrues). Elles doivent être diluées dans un solvant naturel afin d'éviter toute brûlure. Les huiles essentielles (sans exception) ne doivent jamais être appliquées pures sur les parties sensibles du corps (aires génitales et anales, aisselles, visage) sans un avis professionnel.

3. Si vous souffrez d'allergies, faire preuve de la plus grande prudence dans l'usage des huiles essentielles, notamment pour les allergies cutanées (comme l'eczéma) et respiratoires.

4. En cas de contact avec les yeux ou une partie sensible de la peau, verser immédiatement de l'huile végétale dans l'œil ou sur la peau pour diluer l'huile essentielle. Passer ensuite un coton doux, également imbibé d'huile végétale, pour éliminer toute trace d'huile essentielle. En cas d'ingestion accidentelle d'huile essentielle pure, la prise d'huile végétale permet de réduire l'irritation des muqueuses digestives. Faire vomir au besoin.

5. Pendant la grossesse, certaines huiles essentielles seront utilisées avec prudence, mais après trois mois de gestation seulement.

6. Pour les enfants, les huiles essentielles doivent être diluées dans un solvant naturel. Plus ils sont jeunes, moins les doses utilisées seront importantes.

7. Éviter de s'exposer au soleil durant la journée suivant l'utilisation des huiles essentielles à base d'agrumes.

Le degré d'évaporation des huiles essentielles

Tous les parfums que l'on retrouve sur le marché sont composés de plusieurs huiles, car le degré d'évaporation varie de l'une à l'autre. Les spécialistes ont donc établi une notation pour chacune correspondant à trois données particulières: la note de tête, celle de cœur et celle de base. Une huile ayant une forte note de tête s'évapore beaucoup plus vite qu'une huile ayant une forte note de base.

Chaque huile a ses caractéristiques propres et un degré d'évaporation particulier. Il faut noter aussi que les fragrances synthétiques n'ont pas la même espérance de vie que les huiles essentielles, car ces dernières sont vivantes et peuvent même se modifier d'heure en heure.

La note de tête

La note de tête constitue la première impression, l'impact initial. L'odeur s'évapore rapidement, soit en moins de 30 minutes. C'est le cas, par exemple, de la famille des citrus, qui est recommandée pour la stimulation et la relaxation. Les huiles de citrus travaillent donc plus au niveau de la tête.

La note de cœur

C'est la deuxième impression que l'on perçoit dans une huile. Elle est un peu plus dense et s'évapore moins rapidement que la note de tête. L'arôme peut prendre quelques minutes ou quelques heures à se développer et a un effet déterminant sur les poumons, l'estomac et les intestins.

La note de base

La note de base agit comme fixatif pour les autres odeurs. Elle est plus puissante et peut même durer quelques mois. C'est le cas de plusieurs résines, du bois, des racines et de quelques fleurs comme l'ylang-ylang et le jasmin. Elles peuvent avoir un effet plus performant sur les organes du bas du corps.

L'intensité des odeurs

Voilà un facteur très important à considérer quand vous choisissez des huiles essentielles pour créer une synergie. Chaque huile présente une intensité particulière. Par exemple, la camomille romaine obtient une intensité de 9, donc elle est très forte, tandis que la bergamote, avec une intensité de 4, possède une odeur beaucoup plus faible. Si vous mélangez à parts égales les deux huiles, l'odeur de la camomille prendra le dessus.

Voici le classement de différentes huiles selon leur degré d'odeur.

Basilic:	7	Benjoin:	4	Bergamote:	4	Bois	
Bois de santal:	5	Camomille:	9	Camphre:	5	de rose:	8
Cèdre:	4	Céleri:	5	Citron:	4	Carotte:	9
Cyprès:	4	Eucalyptus:	8	Fenouil:	6	Coriandre:	5
Genièvre:	5	Géranium:	6	Gingembre:	6	Gaulthérie:	5
Hysope:	6	Jasmin:	7	Laurier:	6	Hélichryse:	8
Marjolaine:	5	Mélisse:	4	Menthe:	7	Lavande:	4
Néroli:	5	Oliban:	7	Orange:	5	Myrrhe:	7
Pamplemousse:	4	Patchouli:	5	Petit-grain:	4	Origan:	7
Rose:	7	Romarin:	6	Sauge sclarée:	5	Ravensare:	7
Thym:	6	Vétiver:	10	Ylang-ylang:	6	Théier:	5

Les chakras

Selon la philosophie indienne du Tantra, les chakras sont les centres principaux de concentration énergétique de la personne humaine. Selon ce principe, le corps physique est entouré d'un autre corps, subtil et invisible, que l'on nomme corps énergétique ou corps vital; ce dernier est formé de milliers de petites lignes.

À 7 endroits précis sur le corps, 21 de ces petites lignes se croisent pour former un centre d'énergie. À ces endroits, l'énergie y est beaucoup plus concentrée. Ce sont les chakras.

Le but de la plupart des méthodes yogiques et spirituelles de l'Inde est de surmonter les troubles de l'incarnation en équilibrant les énergies droite et gauche de façon à percer les sept chakras pour atteindre le chakra suprême appelé «Lotus aux mille pétales», qui représente l'union mystique par excellence.

Pour accéder à ce plateau, l'ensemble énergétique doit fonctionner parfaitement.

Toute maladie se manifeste dans le corps énergétique par le blocage de l'un ou de plusieurs de ces chakras. La cause peut être hygiénique, alimentaire ou mentale; le dysfonctionnement des chakras produit dès lors des troubles typiques physiques ou mentaux.

Les huiles essentielles aident à régulariser les chakras. Dans la description qui suit, nous verrons à quoi correspond chacun des chakras et les huiles qu'il faut privilégier pour les entretenir.

Chakra 1, centre coccygien ou Muladhara

Le premier chakra est situé à la base de la colonne vertébrale. C'est le siège de la force physique et de la survie. On puise dans cette énergie lorsque l'on ressent de la rage, de la douleur, de l'irritation et de la peur.

Trop d'énergie concentrée à cet endroit peut provoquer des mots de dos et des troubles à la base du dos. Cela affecte les glandes surrénales, qui produisent la cortisone et l'adrénaline, essentielles au corps.

Glande, organe, système:

surrénale et spinale; gouverne les reins, les jambes et les pieds.

Huiles essentielles:

vétiver, menthe, oliban, bois de cèdre, myrrhe, carotte, clou de girofle, patchouli, bois de santal, gingembre, laurier.

Sensibilité:

compréhension des dimensions physiques, sens du terre-à-terre, besoins essentiels du corps, sécurité, sexualité, reconnaissance des frontières physiques.

Qualités:

enracinement, élimination.

Couleur:

rouge.

Pierres:

rubis, pyrite, hématite, grenat.

Note de musique:

do.

Équilibre:

bonne santé physique, sécurité et bien-être.

Déséquilibre:

colère, cruauté, impulsivité, peur, instabilité, activité sexuelle extrême ou anéantie.

Chakra 2, centre sacré ou Svadhisthana

Le centre sacré est situé derrière les organes sexuels, entre le pubis et le nombril. Cette région est le centre qui génère le pouvoir de créer sa propre vie comme on le désire.

La même énergie est utilisée pour l'activité sexuelle, la reproduction, mais aussi pour la passion, la haine, la colère, l'orgueil, la jalousie, l'égoïsme et la possession. Il faut apprendre à se libérer de ces émotions destructrices, à changer sa façon d'être et à maîtriser son orgueil. Ce centre affecte celui de la gorge, qui représente aussi la créativité.

Glande, organe, système:

ovaires, testicules; gouverne la production d'adrénaline, le taux de sucre sanguin, l'utérus, le système urinaire, les reins.

Huiles essentielles:

jasmin, ylang-ylang, cannelle, petit-grain, myrrhe, cyprès, coriandre, géranium, patchouli, sauge sclarée, vétiver.

Sensibilité:

attirance entre deux personnes, sentiments et besoins émotionnels, confiance, intimité, attachement.

Qualités:

distribution de l'énergie dans le corps et l'environnement, créativité, fertilité, habileté à passer des idées aux actes.

Couleur:

orange.

Pierres:

corail, pierre de lune, opaline.

Note de musique:

ré.

Équilibre:

patience, endurance, désir, plaisir, sexualité, procréation.

Déséquilibre:

frustration, obsession sexuelle, insécurité, désir de pouvoir, racisme.

Chakra 3, centre solaire ou Manipura

Ce chakra est situé entre le nombril et le cœur. C'est le centre des émotions et des désirs. Lorsqu'on vit de fortes émotions ou des désirs trop intenses, il y a blocage de ce centre d'énergie et donc manque de circulation de l'énergie.

Ce centre agit directement sur le pancréas et tout le système digestif.

Glande, organe, système:

pancréas; gouverne l'estomac, le foie, le petit intestin, le taux de sucre sanguin, la digestion et certains aspects du système nerveux.

Huiles essentielles:

ylang-ylang, gingembre, citron, carotte, bois de cèdre, mélisse, romarin, marjolaine, origan, tous les thyms, vétiver, menthe, citronnelle.

Sensibilité:

énergie mentale, perfectionnisme, croyance.

Qualités:

prise de décisions, assimilation des idées, information, activité intellectuelle.

Couleur:

doré.

Pierres:

topaze jaune, citrine, œil-de-tigre.

Note de musique:

mi.

Équilibre:

puissance personnelle, volonté, motivation, estime de soi, action, contrôle des autres, inspiration pour autrui.

Déséquilibre:

colère, jalousie, ignorance, agressivité, dépression, égoïsme.

Chakra 4, centre cardiaque ou Anahuta

Comme son nom l'indique, ce chakra est situé dans la région du cœur. Il est la source de l'amour et de la compassion. Ce centre affecte la glande appelée thymus, qui aide à créer l'immunité aux maladies.

Trop d'énergie au niveau des émotions et de l'intellect entraîne la congestion de ce centre. Il y a alors fermeture. Il faut apprendre à accepter ses responsabilités, à maîtriser ses émotions et à s'ouvrir aux autres. Chacun de nos actes d'amour provoque une petite ouverture qui laisse circuler l'énergie.

Glande, organe, système:

thymus (glande qui contrôle le système immunitaire); lymphe, poumons et système respiratoire, cœur et pression sanguine.

Huiles essentielles:

rose, mélisse, néroli, bergamote, carotte, lavande, origan, marjolaine, sauge, bois de santal, hélichryse, hysope, eucalyptus, cannelle, camphre.

Sensibilité:

amour, empathie, sensibilité aux émotions des autres, harmonie, confiance, habileté à donner et à recevoir, ouverture au changement, croissance personnelle.

Qualités:

espoir, estime de soi, empathie, vulnérabilité.

Couleur:

vert émeraude.

Pierres:

émeraude, tourmaline, jade, quartz rose.

Note de musique:

fa.

Équilibre:

amour, joie, extase, compassion, réalisation de soi.

Déséquilibre:

agressivité, violence, rigidité, résistance aux changements, obsessions, peur, timidité, blocage créatif.

Chakra 5, centre laryngé ou Vishudda

Le cinquième chakra est situé au niveau de la gorge. Il affecte directement la glande thyroïde qui, elle, affecte tout le système nerveux, le métabolisme, le contrôle musculaire et la production de la chaleur du corps. Il est le centre de la créativité et de l'expression. Ce chakra est relié au centre sacré. Comme on le sait, l'énergie de ce centre est la plus grande énergie de l'être humain.

Pour rendre ce centre harmonieux, il faut apprendre à utiliser son côté créatif, que ce soit dans le domaine de la littérature, de la musique ou même de l'horticulture. La créativité peut s'exprimer également au travail, dans les loisirs et, toujours, dans la vie personnelle.

Pour approfondir l'harmonie en question, on doit apprendre à demeurer vrai dans ses pensées, dans ses paroles, dans ses actions. C'est la porte de la libération.

Glande, organe, système:

thyroïde, parathyroïde; gouverne le cou, les cordes vocales, les oreilles, le métabolisme, le système respiratoire.

Huiles essentielles :

lavande, camomille, menthe, oliban, cyprès, géranium, bois de santal, carotte.

Sensibilité :

ouïe, goût, communication des sentiments, jugement, créativité, expression, relaxation, guérison.

Qualités :

expression, croissance intérieure, relation entre l'expression personnelle et les manifestations externes, sensibilité aux arts oratoires.

Couleur :

turquoise.

Pierres :

turquoise, aigue-marine, chrysocole.

Note de musique :

sol.

Équilibre :

communication, créativité, expression, interaction.

Déséquilibre :

préoccupation pour l'avenir, négativisme, difficulté à se fixer des objectifs.

Chakra 6, centre frontal ou Agna

Le sixième chakra est situé au-dessus du nez, entre les arcades sourcilières, et aide au développement de ce que l'on nomme le «troisième œil». C'est la source des dons, des pouvoirs paranormaux, de la grande intuition, de la clairvoyance et de la clairaudience. Sa principale fonction est de développer la véritable individualité.

Si l'être humain demeure au niveau des centres inférieurs, il ne développe que sa personnalité. Il faut acquérir l'individualité pour devenir son propre maître.

Glande, organe, système:

glande pituitaire, sous le contrôle de l'hypothalamus; gouverne les yeux, le cerveau inférieur, le système nerveux autonome, les oreilles, le nez, l'œil gauche.

Huiles essentielles:

oliban, bois de cèdre, hélichryse, épinette, rose, romarin, sauge sclarée, origan, marjolaine, thym.

Sensibilité:

puissance de l'esprit, clairvoyance, olfaction, discernement, prise de conscience de soi, des autres et de l'environnement.

Qualités:

perception de la lumière intérieure, sens moral, loi spirituelle, perception des arts visuels.

Couleur:

indigo.

Pierres:

lapis-lazuli, quartz, fluorite pourpre.

Note de musique:

la.

Équilibre:

puissance intellectuelle et psychique, visualisation, perception, intuition, rêve.

Déséquilibre:

clairvoyance incontrôlable, système endocrinien hyperactif.

Chakra 7, centre coronaire ou Sahasrara

Ce chakra est situé sur le dessus de la tête. C'est le centre de la grande illumination. Sa haute fréquence est la source du halo, l'auréole que l'on attribue généralement aux saints et aux êtres spirituels supérieurs. Lorsque ce centre est développé à son maximum, l'être humain peut vivre l'expérience du «Je suis».

Glande, organe, système:

glande pinéale (responsable du mouvement du fluide cérébrospinal; régularise le système nerveux); gouverne le cerveau supérieur, le système nerveux central, l'œil droit, les cheveux et la tête.

Huiles essentielles:

benjoin, oliban, myrrhe, bois de santal, ciste, angélique, bois de rose, lavande, rose, ravensare, épinette, basilic et romarin.

Sensibilité:

intuition mentale, connaissance, compassion, paix intérieure, amour spirituel, rencontre avec Dieu.

Qualité:

contrôle spirituel.

Couleur:

violet et combinaison de toutes les couleurs.

Pierres:

améthyste, diamant, alexandrite.

Note de musique:

si.

Équilibre:

compréhension, connaissance, identité.

Déséquilibre:

aucune ouverture d'esprit, dépression, inquiétude, anxiété, matérialisme, introversion, négativisme.

Chakra 8 ou chakra suprême

Il s'agit du niveau supérieur que l'on atteint par la méditation et le service aux autres, sans aucune attente, toujours par amour. Ce grand amour de l'humanité qui permet de devenir un grand être spirituel.

Glande, organe, système:

éther.

Huiles essentielles:

angélique et néroli.

Sensibilité:

haut degré de conscience spirituelle, réalisation parfaite.

Qualités:

clarté, brillance, potentiel.

Couleur:

blanc.

Équilibre:

prise de conscience.

Déséquilibre:

ignorance.

Quelques chiffres éloquents

L'huile essentielle est le produit concentré extrait de plantes qui sont utilisées en très grande quantité. Voici quelques exemples qui illustrent la quantité d'huile essentielle tirée d'une tonne de plantes fraîches.

Pour une tonne de plantes fraîches, on obtiendra:

- de 20 à 30 litres d'huile essentielle de cyprès, d'eucalyptus et de niaouli;

- 10 litres d'huile essentielle de genièvre, de laurier, de lavande et de sassafras;

- de 3 à 4 litres d'huile essentielle de myrrhe et de sauge sclarée;

- de 1 à 3 litres d'huile essentielle de bergamote, de citron, de géranium, de bois de rose et de thym;

- de 15 à 20 millilitres d'huile essentielle de camomille;

- de 3 à 8 millilitres d'huile essentielle de rose.

Ces différences considérables entre les 30 litres tirés de l'eucalyptus et les 3 millilitres obtenus de la rose par tonne de plantes fraîches (soit 10 000 fois moins!) expliquent le «prix d'or» de l'huile essentielle de rose... et la tentation des producteurs de la falsifier.

L'origine des huiles essentielles

Huile	Source	Pays
Angélique	Racines	France
Basilic	Feuilles	Comores/Israël
Bergamote	Pelures	Italie
Bois de rose	Écorce	Brésil
Bois de santal	Écorce	Inde
Camomille (allemande)	Fleurs	Allemagne/France
Camomille (romaine)	Fleurs	Italie/Suisse
Cannelle	Feuilles	Sri Lanka
Cèdre	Bois	Maroc
Citron	Pelures	Italie
Coriandre	Graines	France
Cyprès	Fruits	France
Eucalyptus	Feuilles	Espagne/France
Fenouil	Graines	France/Espagne
Gaulthérie	Plante entière	Népal
Genièvre	Fruits	France/Italie
Géranium	Feuilles	France/Israël
Gingembre	Rhizomes	Inde
Girofle	Sommités fleuries	Madagascar
Hysope	Feuilles	France
Jasmin	Fleurs	Maroc
Laurier	Feuilles	France
Lavande	Fleurs	France
Marjolaine	Feuilles	France
Menthe	Feuilles	France/États-Unis
Néroli	Fleurs	Italie
Oliban	Résine et écorce	Somalie
Orange	Pelures	Brésil
Origan	Fleurs	Maroc
Pamplemousse	Pelures	Italie/États-Unis
Patchouli	Feuilles	Indonésie
Petit-grain	Feuilles	Comores
Pin	Écorce	France
Ravensare	Feuilles	Madagascar
Romarin	Feuilles	France/Maroc
Sauge	Feuilles	France
Sauge sclarée	Feuilles	Provence (France)
Théier	Feuilles de l'arbre	Australie
Thym	Feuilles	France
Vétiver	Racines	Java
Ylang-ylang	Fleurs	Comores

Certains produits peuvent provenir d'autres régions du monde. Chaque distillateur a ses préférences.

Deuxième partie

Les propriétés des huiles essentielles

Les propriétés esthétiques, émotionnelles et générales selon les parties distillées

Chaque huile essentielle présente des caractéristiques particulières selon l'espèce botanique de la plante et les parties distillées. C'est pourquoi il convient de classer les huiles selon que l'on a utilisé les racines, les feuilles, les fleurs, les graines, l'écorce ou le bois, la résine ou la gomme et le zeste. Vous trouverez dans les pages qui suivent les huiles qui conviennent aux soins de la peau, les émotions qu'elles peuvent améliorer et l'usage général qu'on peut en faire, particulièrement sur le plan de la santé. J'ai fait un choix des huiles les plus populaires utilisées pour les soins de la peau. Cependant, on en retrouve plus d'une centaine sur le marché.

Les racines

Les racines ne sont pas très raffinées; elles stimulent généralement les fonctions vitales, spécialement la digestion. Elles sont aussi recommandées pour combattre l'anémie. Elles nous aident à nous «rebrancher» sur la terre.

Ce sont des bases, donc l'odeur des plantes utilisées reste longtemps. Ces plantes sont le gingembre et le vétiver.

Le gingembre *(Zingiberi officinale)*

Cette plante, originaire de l'Inde, de la Chine et de la Malaisie, était la première épice à arriver en Europe en provenance de l'Asie. Les Grecs s'en servaient comme antidote contre les poisons, tandis que les Romains reconnaissaient ses vertus aphrodisiaques et l'ajoutaient au vin.

Description

La distillation des racines du gingembre donne une huile plus ou moins fluide. Sa couleur jaune est quelquefois pâle, quelquefois foncée.

Constituants *(sesquiterpène)*

Camphène, d-phellandrène, zingiberène, alcool sesquiterpénique (isobornéol-linalol), terpènes, avec citrol et résines.

Précautions

Cette huile ne devrait jamais être utilisée pure sur la peau ou directement dans le bain, car elle peut causer de sérieuses iritations à l'épiderme. Il faut donc toujours la diluer.

Caractère: Yang
Chakras: 1 et 3; les rééquilibre tous
Élément: feu
Note: tête
Odeur: épicée
Intensité: 6

Propriétés

Esthétique: très utilisée en parfumerie, particulièrement dans les parfums pour hommes, l'huile essentielle de gingembre ne doit pas être appliquée directement sur la peau, car elle peut causer des irritations. Elle augmente la circulation sanguine et combat la cellulite et les varices.

Émotionnelle: c'est une huile qui réchauffe les cœurs froids, qui aide à établir la communication et à développer la mémoire. Elle redonne de l'énergie et est reconnue pour son effet aphrodisiaque. Elle est également utile pour créer une protection.

Générale: cette huile stimule l'appétit, apaise les nausées, règle les problèmes de constipation, élimine les gaz intestinaux, fait baisser la fièvre et augmente l'appétit sexuel.

Utilisé à petites doses, le gingembre augmente la température du corps. C'est un antiseptique qui prévient les maladies; c'est également un antipoison. Il est très efficace pour combattre le mal de mer. Cette huile essentielle est très bonne pour traiter les troubles gastriques tels que la dyspepsie d'origine nerveuse.

Doté de qualités aphrodisiaques plus toniques que le poivre, le gingembre aide également les hommes impuissants.

Le vétiver *(Vetiveria zizanioides)*

Originaire de l'Inde, de l'Indonésie et du Sri Lanka, le vétiver est aussi cultivé dans les Philippines, au Japon et en Afrique du Sud. En Inde, on s'en sert pour protéger la terre de l'érosion durant la saison des pluies. Le vétiver est connu pour être l'huile de la tranquillité.

Distillé à partir de la racine, il donne une huile foncée, avec une odeur terreuse et boisée.

Description

On doit attendre que le plant ait deux ans avant d'utiliser ses racines pour en produire une huile essentielle. De couleur très foncée, celle-ci est principalement utilisée en parfumerie.

Constituant *(cétone)*

Un alcool appelé vétyvérol.

Précaution

À cause de son coût élevé, les producteurs altèrent souvent sa pureté avec des agents synthétiques; il faut être prudent au moment de l'achat.

En grande concentration, il peut irriter les peaux sensibles. Il est un peu phototoxique.

Caractère: Yin
Chakras: 1, 2 et 3
Éléments: terre et eau
Note: base
Odeurs: boisée, épicée, terreuse
Intensité: 10

Propriétés

Esthétique: l'huile extraite du vétiver rééquilibre le fonctionnement des glandes sébacées. Elle aide à normaliser la peau grasse et clarifie l'acné. Elle rétablit l'humidité pour la peau sèche et déshydratée, et a un effet régénérateur sur la peau mature. Cette huile réduit aussi les vergetures.

Émotionnelle: le vétiver renforce le système nerveux. C'est une huile calmante qui réduit les tensions, l'anxiété et le stress. Elle harmonise et aide à se concentrer tout en stabilisant les énergies. Certaines personnes l'utilisent comme un aphrodisiaque.

Générale: l'huile de vétiver stimule les cellules du système immunitaire et active la circulation sanguine.

Les feuilles

L'efficacité des huiles extraites des feuilles des plantes est particulièrement remarquable pour le système respiratoire et le système digestif. On distille les feuilles des plantes suivantes: le basilic, l'eucalyptus, la gaulthérie, le géranium, l'hysope, le laurier, la marjolaine, la menthe, l'origan, le patchouli, le petit-grain, le ravensare, le romarin à camphre, la sauge sclarée et le théier.

Le basilic *(Ocimum basilicum)*

Le basilic est connu depuis aussi longtemps que l'on s'intéresse à la botanique, et sa réputation d'aphrodisiaque s'est étendue dans plusieurs pays. Dans le nord de l'Europe par exemple, les amoureux s'échangeaient des tiges de basilic en signe de fidélité éternelle. En Haïti, on le retrouve dans les rites vaudous, où il est associé à la déesse de l'amour.

Ses vertus médicinales furent reconnues chez les Romains et chez les médecins arabes et chinois, qui le conseillaient pour les maladies associées au sang, à l'estomac et aux reins.

Son nom botanique est dérivé du grec *okimon* qui veut dire «vite», car la plante avait la réputation de pousser très rapidement.

Description

Obtenue par la distillation des sommités fleuries et des jeunes feuilles, l'huile de basilic est jaunâtre et très aromatique. Elle est distillée en France depuis le XVIe siècle.

Constituants *(ester)*

Cette huile est riche en chivacol, en eugénol, en linalol et en pinène en méthyle et en fenchol. Les composantes varient selon la provenance de la plante.

Précautions

À éviter durant la grossesse, chez les jeunes enfants et les personnes qui ont une peau sensible.

Caractère:	Yang
Chakra:	2
Élément:	feu
Note:	tête
Odeurs:	fruitée, fougère
Intensité:	7

Propriétés

Esthétique: l'huile essentielle de basilic stimule la circulation sanguine. Elle améliore le tonus de la peau pour lui redonner une coloration rosée et saine, et procure du lustre aux cheveux.

Émotionnelle: elle est à la fois stimulante, sédative et rééquilibrante. Très calmante dans les attaques de grande angoisse, elle est aussi sédative pour ceux qui connaissent des problèmes d'insomnie. Elle augmente la concentration.

L'huile de basilic redonne la joie aux cœurs tristes et mélancoliques, et diminue les peurs.

Générale: en tant qu'antispasmodique, l'huile de basilic agit comme relaxant musculaire. Elle aide à la digestion, stimule les règles et favorise la production de lait chez les nouvelles mères.

L'eucalyptus *(Eucalyptus globulus)*

Plusieurs mères ont massé leurs enfants avec l'eucalyptus durant les années 1940. D'ailleurs, la plupart des médicaments utilisés pour combattre la grippe à cette époque étaient à base d'huile essentielle d'eucalyptus.

Les Australiens utilisaient la feuille complète autour des plaies pour prévenir l'infection. Cette plante est aussi très réputée comme chasse-moustiques.

Description

Pour la distillation des feuilles d'eucalyptus, on choisit, de préférence, celles provenant des arbres matures, car elles contiennent plus d'huile et donnent un produit de meilleure qualité. L'huile est de consistance fluide et plutôt claire.

Constituants *(oxyde)*

Cinéol ou eucalyptol (de 70% à 80%), aldéhydes, alcool sesquiterpénique, terpène. On y trouve aussi environ 250 autres constituants différents.

Précautions

Bien qu'elle soit non toxique et non irritante, il convient d'essayer cette huile en petites doses en usage externe.

En usage interne, l'eucalyptus peut être fatal chez les jeunes enfants. À éviter aussi pour ceux et celles qui souffrent de haute pression ou d'épilepsie. Cette huile essentielle peut affecter le rendement des médicaments homéopathiques.

Caractère:	Yin
Chakras:	4, 5 et 6
Éléments:	terre et feu
Note:	tête
Odeur:	très fraîche. Certaines personnes la trouvent trop forte.
Intensité:	8

Propriétés

Esthétique: sur les peaux grasses et acnéiques, l'huile d'eucalyptus aide à réduire le sébum. Elle favorise la régénération des tissus et calme la douleur engendrée par les coups de soleil. L'eucalyptus aide à clarifier l'acné et les boutons. L'huile est recommandée également pour les peaux au teint grisâtre qui manquent d'oxygénation.

Comme cette huile essentielle éloigne les insectes, il est donc sage d'en rajouter aux crèmes de plein air.

Émotionnelle: en période de stress intense, l'huile d'eucalyptus rétablit l'équilibre et augmente les capacités intellectuelles. Dans les milieux de travail très tendus, il convient d'en diffuser dans l'air pour éliminer les mauvaises vibrations.

Générale: en raison de ses propriétés bronchopulmonaires, l'huile d'eucalyptus est recommandée pour traiter les affections des voies respiratoires, l'asthme, l'emphysème, la bronchite et pour soigner l'hypoglycémie. Diffusée dans l'air, elle est très efficace pour prévenir les grippes.

J'ai utilisé un mélange d'huiles d'eucalyptus et de lavande pour soigner la varicelle de mes enfants, et j'ai obtenu de très bons résultats. Le mélange a apaisé les démangeaisons et accéléré le processus de guérison. Lorsqu'ils font de la fièvre, je leur frictionne le dessous des pieds avec cette huile pour les soulager.

La gaulthérie *(Gaultheria frangrantissima)*

La gaulthérie est très répandue en Amérique du Nord, principalement dans les régions du nord-est du Québec. Elle contient 98% de salicylate de méthyle, ce qui en fait une excellente huile anti-inflammatoire. Elle est abondamment utilisée aux États-Unis pour parfumer les dentifrices, la gomme et plusieurs boissons gazeuses.

Description

Les feuilles sont macérées durant 24 heures avant la distillation pour permettre la captation des huiles essentielles. Le produit est incolore, mais il brunit en vieillissant. On ne devrait plus l'utiliser alors.

Constituants *(ester)*

Salicylate de méthyle (de 90% à 95%), cétone.

Précaution

L'huile essentielle de gaulthérie est souvent reconstituée synthétiquement. Il est donc important de vérifier la réputation du distillateur.

Caractère: Yin
Chakras: 2 et 3
Élément: terre
Note: tête
Odeurs: vanillée, camphrée
Intensité: 5

Propriétés

Esthétique: l'huile de gaulthérie est recommandée pour soigner les problèmes d'eczéma, d'acné et d'inflammation de la peau.

Émotionnelle: elle combat les maux de tête, principalement ceux qui résultent de la colère.

Générale: l'huile a de remarquables propriétés anti-inflammatoires en raison de sa concentration élevée de salicylate de méthyle. Elle est très appréciée des sportifs, qui s'en servent aussi bien avant qu'après un effort intense.

Elle est recommandée, en massage, pour calmer les douleurs rhumatismales et celles dues aux tendinites. Quelques gouttes appliquées sur les points douloureux suffisent.

Le géranium *(Pelargonium graveolens)*

La culture principale du géranium qui sert à la fabrication de l'huile essentielle se fait à Madagascar, à l'île de la Réunion, au Zaïre et en Égypte. La meilleure qualité provient de l'île de la Réunion, autrefois appelée île de Bourbon, qui est l'autre nom du géranium.

Description

Distillé par vapeur, le géranium doit être coupé juste avant que les fleurs éclosent. Il faut de 300 à 500 kilos de feuilles pour produire 1 kilo d'huile, ce qui explique son coût très élevé. La production mondiale est de l'ordre de 300 tonnes, presque toutes utilisées en parfumerie. L'huile est incolore et elle a une odeur fleurale qui ressemble à celle de la rose.

Constituants *(alcool monoterpénique [géraniol de 75% à 80%])*

Bornéol, citronnellol, linalol, ester et terpènes.

Précautions

Comme elle coûte très cher, l'huile essentielle de géranium est souvent falsifiée par les producteurs. Il faut être vigilant.

On doit s'abstenir de l'utiliser durant les premiers mois de la grossesse.

Caractère: Yin
Chakras: 2 et 5
Élément: eau
Note: cœur
Odeur: fleurie, comme la rose
Intensité: 6

Propriétés

Esthétique: sur tous les types de peau, elle aide à faire disparaître l'acné et à effacer les cicatrices laissées par une chirurgie. Elle aide également à contrôler les sécrétions normales de la peau. Son effet purgatif est fort utile pour les drainages lymphatiques.

On peut s'en servir comme chasse-moustiques.

Émotionnelle: l'huile essentielle extraite du géranium agit comme antidépresseur et léger tonique. En inhalation, elle stimule la sensualité, favorise l'expression corporelle et la communication en réduisant le stress.

Pour la plupart des gens, elle redonne de l'énergie.

Générale: cette huile aide à combattre l'infection. Elle arrête les saignements dans le cas de blessures

mineures et, chez les femmes qui allaitent, décongestionne les seins engorgés.

Elle permet aussi d'abaisser le taux de sucre dans
le sang et favorise le fonctionnement des glandes sur-
rénales, de la rate et du pancréas.

L'hysope *(Hyssopus officinalis)*

D'origine grecque, le mot hysope signifie «odeur de
bonne herbe». Cette plante était très utilisée dans les
temps anciens. Même l'Ancien Testament en fait mention dans le rituel de la pâque des Juifs.

Description

La plante est très cultivée dans différentes parties de
la France. Très aromatisée, elle donne une huile dont
la couleur peut aller du pâle au foncé.

Constituants *(cétone)*

Monoterpènes (25%), sesquiterpènes (12%), phénol
méthyle éther (4%), thujone pinocamphène (58%).

Précautions

L'huile essentielle d'hysope doit être utilisée avec soin.
Elle n'est pas recommandée durant la grossesse, chez
les jeunes enfants et les personnes âgées ainsi que les
personnes souffrant d'épilepsie ou de haute pression.

Caractère: Yang
Chakras: 3 et 4
Élément: feu
Note: cœur
Odeurs: fleurie, camphrée
Intensité: 4

Propriétés

Esthétique: aucune.

Émotionnelle: l'huile essentielle d'hysope a un effet calmant pour ceux et celles qui souffrent d'angoisse ou qui se sentent oppressés. De plus, elle régularise les fonctions sensorielles chez les personnes qui vivent une sexualité désordonnée et incontrôlée.

Générale: l'huile essentielle d'hysope s'attaque aux affections des voies respiratoires: elle combat l'asthme, la bronchite, l'emphysème et la toux.

Elle permet de diminuer l'appétit chez les personnes qui souffrent de boulimie.

Elle est aussi considérée comme un décongestionnant hépatique, mais elle doit être prise à petite dose.

Le laurier *(Laurus nobilis)*

Dans la Grèce antique, on tressait des couronnes de laurier pour récompenser les meilleurs poètes et les athlètes victorieux aux Jeux olympiques. À Rome, la plante était considérée comme un symbole de puissance et de gloire. Le mot latin *laurus* signifie d'ailleurs «triomphe».

Description

Les feuilles sont distillées et produisent une huile verdâtre. Elles ont une agréable «odeur de propreté».

Constituants *(ester)*

Cinéol (50%), alpha pinène, eugénol, géraniol, linalol, acétate terpinyle, sesquiterpène, alcool sesquiterpénique.

Précaution

À cause de l'eugénol qu'elle contient, cette huile essentielle peut provoquer de la confusion mentale. Il est important de respecter la dose suggérée.

Caractère: Yin
Chakras: 2, 3 et 4
Élément: feu
Note: tête
Odeur: épicée
Intensité: 6

Propriétés

Esthétique: comme anti-infectieux, l'huile essentielle extraite du laurier est recommandée pour soigner l'acné, les furoncles, le grain de milium et les champignons cutanés. C'est également un très bon stimulant pour le cuir chevelu. Elle favorise la pousse des cheveux, élimine les pellicules et retarde les effets du vieillissement.

Émotionnelle: à la fois antidépresseur et stimulant, l'huile de laurier calme l'angoisse, la psychose et les cœurs brisés. Elle aide à avoir des idées claires et à s'exprimer calmement dans les périodes de grand stress.

Générale: cette huile contrôle les spasmes cardiaques, l'artériosclérose, l'inflammation des ganglions lymphatiques et règle les problèmes génito-urinaires.

La marjolaine *(Origanum majorana)*

Dans les temps anciens, la marjolaine était utilisée par les Grecques dans les parfums et les divers produits cosmétiques. Les Romains l'appelaient l'«herbe de la joie» et utilisaient ses branches comme décoration à l'occasion des mariages. Dans plusieurs autres cultures, elle était considérée comme une herbe qui augmentait la longévité. Elle constituait une herbe sacrée pour les dieux Shiva et Vishnu en Inde.

Description

La distillation des sommités fleuries donne une huile à odeur de camphre, de thym et de poivre.

Constituants *(monoterpènes, alcool monoterpénique)*

Cymène, pinène, sabinène et terpinolène.

Précautions

La marjolaine peut causer des étourdissements et produire un effet d'engourdissement. Il est préférable de ne pas l'utiliser si vous actionnez de la machinerie lourde. À éviter aussi durant la grossesse, car elle stimule le travail utérin. Si on s'en sert sur une longue période, elle peut diminuer l'appétit sexuel. Éviter de l'utiliser chez les jeunes enfants et chez les personnes sensibles.

Caractère: Yang
Chakra: 4
Éléments: air et eau
Note: cœur
Odeurs: douce, boisée et épicée
Intensité: 5

Propriétés

Esthétique: l'huile essentielle tirée de la marjolaine facilite le drainage de la lymphe et du sang, et accélère la guérison des bleus. Elle aide à relaxer les muscles du visage.

Émotionnelle: l'huile de marjolaine relaxe le corps et l'esprit. Elle calme les émotions dans des périodes de grande tension et rééquilibre l'énergie du corps.

La marjolaine apporte du réconfort durant les périodes de séparation, de deuil, de tristesse. Elle est aussi considérée comme un anti-aphrodisiaque, c'est-à-dire qu'elle aide à contrôler les désirs sexuels trop intenses.

L'huile de marjolaine ne doit pas être utilisée à long terme, car elle «gèle» les émotions et peut occasionner une perte de désirs sexuels.

Générale: à la fois analgésique et anti-inflammatoire, la marjolaine calme les douleurs musculaires, aide à la digestion et stimule le cycle menstruel.

La menthe *(Mentha piperita)*

Originaire de l'Asie, la menthe poivrée est utilisée depuis plusieurs milliers d'années pour régulariser les problèmes de digestion, éliminer les gaz et pour rafraîchir l'haleine.

Les Hébreux l'utilisaient pour se parfumer, car ils lui accordaient des pouvoirs aphrodisiaques.

De nos jours, on la recommande pour soigner les indigestions.

Description

Les feuilles et les sommités fleuries sont cueillies à leur maturité. Son huile est sans couleur ou très pâle, fraîche et très fluide, mais elle s'épaissit en vieillissant.

Constituants *(cétone)*

Menthol (de 40% à 70%), carvone (de 20% à 30%), cinéol, limonène, menthone, pinéol, thymol, traces d'aldéhydes.

Précautions

Ne jamais utiliser l'huile essentielle de menthe pure, dans le bain ou comme huile de massage. Ne pas l'utiliser non plus avant de se mettre au lit, car elle pourrait perturber le sommeil.

La menthe peut irriter les peaux sensibles; elle peut stimuler les règles et arrêter la lactation. Vous ne devez pas l'utiliser si vous êtes enceinte ou si vous allaitez.

La menthe peut annuler les effets des produits homéopathiques. Laissez au moins deux heures entre chaque prise de médicaments.

Caractère:	Yang
Chakras:	6 et 7
Élément:	air
Note:	tête
Odeurs:	fraîche, forte et verte
Intensité:	7

Propriétés

Esthétique: l'huile essentielle de menthe combat les bactéries et réduit l'excès de sébum qui accompagne l'acné et les boutons. Elle aide à normaliser la peau et contrôle l'apparition des varices.

On doit l'utiliser à petites doses, car elle refroidit. Elle purifie aussi la peau et les pores. Utilisée en shampooing, elle rafraîchit et stimule le système capillaire.

Émotionnelle: l'huile de menthe a un effet calmant sur les émotions. Elle dissipe les colères et les crises d'hystérie, redonne de l'énergie, calme la fatigue mentale, augmente la circulation et clarifie les pensées.

Générale: cholagogue (qui facilite l'évacuation de la bile), antivomitif, analgésique (maux de tête), expectorant, tonique utérin, purgatif sanguin surtout après un traitement aux antibiotiques, vermifuge sont ses principales propriétés.

L'origan *(Origanum compactum)*

Origan vient de deux mots grecs: *oros*, qui signifie «montagne», et *ganos*, qui signifie «joie».

Cette plante pousse à l'état sauvage en Europe, particulièrement en Italie et en Grèce.

Description

De couleur jaune foncé à brun pâle, l'huile a une odeur phénolique, épicée et chaude.

Constituants *(phénol)*

Monoterpènes (25%), sesquiterpènes, phénol (65%), phénol méthyle éther.

Précautions

Très irritante pour la peau, cette huile doit être utilisée à faible dose. En usage interne, elle est toxique pour le foie. À éviter durant la grossesse et chez les jeunes enfants.

Caractère:	Yang
Chakra:	4
Élément:	air
Note:	coeur
Odeurs:	épicée, chaude
Intensité:	8

Propriétés

Esthétique: aucune.

Émotionnelle: l'action tonique de l'huile d'origan permet de combattre l'anémie, la fatigue et la dépression.

Générale: l'huile d'origan a plusieurs effets bénéfiques: elle est tonique, analgésique et hypertensive. Elle agit également sur les voies respiratoires et intestinales ainsi que sur le sang. Elle aide à renforcer le système immunitaire, à fluidifier les sécrétions et à soulager les douleurs rhumatismales.

Le patchouli *(Pogostemon cablin)*

L'huile de patchouli est très utilisée en Orient comme fixatif pour les parfums. En Inde, on l'utilise pour camoufler l'odeur de l'encre et fixer la couleur, qui sèche ainsi plus rapidement.

Description

Les jeunes feuilles qui ont séché au soleil sont distillées à la vapeur. L'huile est de couleur jaune-brun ou vert-brun selon sa provenance. Quelquefois, elle est très épaisse avec une odeur très persistante. Elle est distillée dans son pays d'origine, surtout en Chine.

Constituants *(sesquiterpène 45%)*

Patchoulol (de 25% à 50%), avec des traces d'aldéhyde benzoïque et cinnamique.

Précautions

Elle peut être altérée avec du cèdre. L'huile synthétique de patchouli est très répandue, mais on peut difficilement reproduire sa véritable odeur.

Caractère: Yang
Chakras: 1 et 2
Éléments: feu et terre
Note: base
Odeurs: épicée, boisée, riche et forte
Intensité: 8

Propriétés

Esthétique: son effet régénérateur sur les cellules lui a valu la réputation d'être un excellent antirides. Elle raffermit la peau, calme les inflammations, adoucit la peau rugueuse et gercée. De plus, elle convient à tous les types de peau.

L'huile de patchouli est recommandée pour les infections fongiques, le pied d'athlète, les pellicules, les problèmes reliés à l'impédigo, la rétention d'eau et la cellulite.

Émotionnelle: l'huile de patchouli permet de contrôler la dépression et l'anxiété. Curieusement, son effet est double: à petite dose, elle est sédative, tandis qu'à dose élevée, elle stimule.

Elle permet d'améliorer la concentration et de remettre de l'ordre dans les idées. Plusieurs la classent parmi les produits aphrodisiaques.

Générale: cette huile aide à diminuer la tension nerveuse, à faire baisser la fièvre, à stimuler le désir sexuel, à réduire l'inflammation et à combattre les infections fongiques. Plusieurs personnes s'en servent comme antisudorifique.

Le petit-grain *(Citrus aurantium feuilles)*

L'huile de petit-grain est obtenue par la distillation des feuilles de l'oranger. C'est en Inde et en Chine qu'on en a découvert les vertus, mais c'est en France et dans le sud de l'Afrique que l'on produit aujourd'hui l'huile de la meilleure qualité.

On peut également la fabriquer à partir de feuilles de citronniers, de mandariniers et de bergamotiers. C'est une des huiles classiques utilisées en parfumerie.

Description

L'huile essentielle de petit-grain est de couleur verte et possède une odeur très prononcée. Quand on l'utilise en parfumerie, elle est souvent mêlée à de l'huile d'orange.

Constituants *(ester, alcool monoterpène)*

Géraniol, géranyl d'acétate, limonène, linalol, acétate linalyle, citrol.

Précaution

Tous les citrus sont difficiles à conserver; donc, gardez cette huile essentielle dans un endroit frais et sombre.

Caractère: Yin
Chakras: 2 et 4
Élément: feu
Notes: tête et cœur
Odeurs: fraîche, feuillue
Intensité: 4

Propriétés

Esthétique: l'huile de petit-grain est recommandée pour combattre les problèmes de peau grasse ou déshydratée ainsi que l'acné. Elle tonifie la peau et sert de régénérateur cellulaire. Elle est aussi efficace en traitement capillaire dans les cas de cheveux gras.

Émotionnelle: l'huile de petit-grain met de l'ordre dans les idées. Elle est excellente pour combattre l'insomnie et le stress.

Générale: le petit-grain calme les palpitations cardiaques, relaxe les muscles sujets aux spasmes et facilite la digestion en période de stress par son effet calmant sur le système nerveux.

Le ravensare *(Ravensara aromatica)*

L'huile de ravensare provient de Madagascar, où les forêts sont détruites très rapidement. Malheureusement, on ne replante pas suffisamment pour satisfaire à la demande.

Constituants *(oxyde)*

Monoterpènes, sesquiterpènes, ester, eugénol, 1,8 cinéol (49%).

Précautions

À éviter durant la grossesse et chez les jeunes enfants.

Caractère:	Yang
Chakra:	2
Élément:	air
Note:	coeur
Odeur:	un peu épicée, comme le clou de girofle
Intensité:	7

Propriétés

Esthétique: très anti-infectieuse et antiseptique, l'huile est recommandée pour traiter l'acné ainsi que les coupures dues au rasage, les infections, le zona et l'herpès. Elle n'irrite pas la peau.

Émotionnelle: si vous souffrez de fatigue physique et nerveuse, de dépression, d'angoisse ou de problèmes neuromusculaires dus au stress, cette huile essentielle vous aidera à retrouver votre énergie et à réaliser votre potentiel intérieur.

Générale: l'huile essentielle de ravensare aide à combattre les infections bronchopulmonaires et stimule le système immunitaire, car elle augmente la production des globules blancs. Elle est particulièrement recommandée pour les gens en convalescence.

Le romarin à camphre *(Rosmarinus officinalis)*

Le mot romarin vient du latin *rosmarinus*, qui signifie «rose de mer», car on en trouve sur la plus grande partie du littoral méditerranéen.

Il s'agit là, sans doute, de la plante le plus connue et la plus utilisée. Les Grecs et les Romains la considéraient comme le symbole de l'amour et de la mort, et s'en servaient lors des cérémonies religieuses.

Description

La distillation par vapeur de 20 kilos de sommités fleuries donne environ 500 grammes d'huile de romarin. Le romarin que l'on retrouve en Espagne et dans le nord de l'Afrique a une odeur d'eucalyptus, tandis que le romarin français a plutôt une odeur d'origan.

Constituants *(cétone, oxyde)*

Camphène, camphors (30%), linéol, alpha pinène, 1,8 cinéols (30%), acétate de bornyle.

Précautions

L'huile de romarin peut être altérée par l'huile de sauge ou l'huile de térébenthine. Il faut donc bien vérifier sa provenance.

Les personnes qui souffrent de haute pression, de troubles épileptiques et les femmes enceintes doivent l'éviter. Elle peut aussi être irritante pour les peaux sensibles. Comme elle est très stimulante, elle peut perturber le sommeil.

L'huile de romarin peut annihiler les effets des médicaments homéopathiques.

Caractère:	Yang
Chakras:	3 et 6
Éléments:	feu et air
Note:	cœur
Odeurs:	boisée et camphrée
Intensité:	6

Propriétés

Esthétique: l'huile essentielle extraite des feuilles de romarin à camphre est utilisée pour contrôler les problèmes d'acné, de peau grasse, de pellicules et de rétention d'eau.

Elle favorise la repousse des cheveux, redonne de la fermeté à la peau, améliore la circulation sanguine et normalise les sécrétions de la peau. On l'utilise également dans le traitement de la cellulite.

L'huile de romarin à camphre est très utilisée en soins esthétiques, mais il faut y faire attention si vous avez une peau très sensible.

Elle est considérée comme un tonique et un conditionneur pour les cheveux foncés, et aide à retenir la couleur des cheveux.

Émotionnelle: cette huile stimule le système nerveux, augmente la présence d'esprit et améliore la concentration. Elle est très bonne pour les gens en convalescence qui veulent retrouver toute leur énergie. Elle sert à rééquilibrer les émotions et à contrôler les humeurs. Le romarin peut entraîner une ouverture du cœur et apporter la sagesse intérieure.

Parce qu'elle stimule le système glandulaire, l'huile essentielle de romarin peut être classée dans la catégorie des aphrodisiaques.

Générale: son effet tonique permet de stimuler la régénération cellulaire. Elle est recommandée pour les congestions pulmonaires, le rhumatisme, les douleurs musculaires, les courbatures, les crampes, les tendinites et la sciatique.

Le romarin stimule la plupart des organes internes, dont les glandes surrénales qui sont très sollicitées dans les périodes de grand stress. Il active la circulation sanguine et permet au foie et à la vessie de jouer leur rôle.

La sauge sclarée *(Salvia sclarea)*

Le terme «sclarée» vient du latin *sclarea*, qui signifie «clair». On utilisait les graines de la sauge pour produire une lotion que l'on appliquait sur les yeux de ceux qui présentaient des problèmes de la vue. Les Grecs, pour leur part, la recommandaient pour éviter les pertes de mémoire.

Description

Bien qu'elle soit très cultivée en France, c'est la Russie qui en est le principal producteur mondial. On distille les sommités fleuries et les jeunes feuilles pour en tirer l'huile.

Constituants *(ester)*

1,8 cinéol, alpha pinène, salvène, linalol, acétate de linalyle. Les huiles de sauge contiennent plus de 250 constituants; les sauges françaises ont plus de linalol.

Précautions

Sédative à dose élevée, elle peut causer des effets narcotiques et provoquer des maux de tête. À éviter durant la grossesse et pour celles qui sont atteintes du cancer du sein, des ovaires et de l'utérus ou qui souffrent d'endométriose.

Caractère: Yang
Chakras: 2 et 6
Éléments: eau et terre
Note: cœur
Odeurs: chaude, herbacée, de noisette
Intensité: 5

Propriétés

Esthétique: l'huile de sauge est salutaire pour traiter l'acné, les furoncles, la perte de cheveux, les inflammations, la peau grasse et la transpiration excessive. Elle agit comme régénérateur cellulaire.

On peut l'ajouter à un shampooing neutre pour régler les problèmes de cheveux secs et de pellicules en massant le cuir chevelu. Elle donne du lustre à la chevelure.

Émotionnelle: la sauge sclarée équilibre les émotions extrêmes. Elle est tonique pour le système nerveux et aide, autant les hommes que les femmes, à retrouver leur côté féminin. Elle augmente la concentration et stimule le mental sans être trop excitante. Elle développe la créativité et l'intuition. Plusieurs personnes se sont rendu compte qu'elles avaient des rêves très puissants en s'en servant avant de se mettre au lit.

Elle est idéale dans les périodes de grand changement, surtout si l'on vit du stress. Elle calme les tensions et peut aller jusqu'à créer un effet d'euphorie chez certaines personnes.

Générale: dans les cas de leucorrhée, d'aménorrhée, de dysménorrhée, elle améliore la circulation artérielle. On doit par contre l'éviter durant la grossesse parce qu'elle stimule les règles. De plus, on ne doit pas consommer d'alcool en même temps, car elle décuple son effet et intensifie la gueule de bois.

Le théier *(Melaleuca alternifolia)*

Les Australiens l'appellent l'«huile de premiers soins en bouteille» et ils se servent de la feuille du théier pour soulager plusieurs problèmes; par exemple, il la dépose sur les blessures pour les désinfecter.

L'arbre a reçu son nom du capitaine James Cook: il se servait de ses feuilles pour se faire une boisson qui, selon lui, prévenait toutes les maladies durant ses nombreux voyages.

Des expériences de laboratoire ont démontré que l'huile de théier est 12 fois plus puissante que la plupart des antiseptiques conçus pour l'utilisation courante. Dans les années 1920, les dentistes et les chirurgiens utilisaient cette huile pour désinfecter les plaies. Elle constituait un traitement standard pour la plupart des problèmes de gencives. Les médecins la prescrivaient pour combattre les cystites, les infections fongiques et les vaginites.

Description

La distillation des feuilles du théier donne une huile incolore ou d'un jaune très pâle ayant une odeur camphrée.

Constituants *(monoterpène de 50% à 60%)*

Cinéol, sesquiterpènes et alcool sesquiterpénique.

Précaution

Elle peut être irritante pour les peaux sensibles.

Caractère: Yang
Chakras: 4, 5 et 6
Élément: air
Note: tête
Odeurs: forte et camphrée
Intensité: 5

Propriétés

Esthétique: l'huile essentielle extraite du théier est très efficace pour tous les problèmes de peau: boutons, démangeaisons, verrues, par exemple. Des études cliniques ont démontré que l'huile de théier donne les mêmes résultats que le peroxyde benzoïque pour le traitement de l'acné, sans les effets secondaires dommageables tels que la déshydratation, les rougeurs et les démangeaisons.

Les hommes peuvent s'en servir pour prévenir les poils incarnés et les irritations après rasage. L'huile de théier est excellente pour les infections fongiques, tel le pied d'athlète, et les infections en dessous des ongles.

Voici des exemples de recettes à base d'huile essentielle de théier.

- *Pour le traitement des pellicules:* mettre de 5 à 10 gouttes dans 15 mL (1 c. à soupe) de shampooing neutre et laver. Laisser reposer quelques minutes.

- *Pour les cheveux secs et gras:* verser 5 gouttes sur le cuir chevelu et masser.

- *Pour combattre les poux:* mettre 15 gouttes dans un peu de shampooing neutre et laisser reposer 10 minutes sur le cuir chevelu. À utiliser une fois par jour.

Pour les problèmes cutanés

- *Acné:* appliquer directement sur la partie infectée deux fois par jour.

- *Après-rasage:* ajouter quelques gouttes dans une huile de jojoba ou un gel neutre et appliquer après chaque rasage.

- *Coups de soleil et dermatites:* dans une crème neutre, une huile ou un gel neutre, mêler quelques gouttes d'huiles de théier et de lavande, puis frotter la partie atteinte.

- *Feux sauvages et lèvres gercées:* appliquer directement sur le feu sauvage; pour les lèvres gercées, mélanger avec de la vitamine E. Il est important de commencer le traitement dès l'apparition du problème.

- *Pied d'athlète:* masser plusieurs fois par jour entre les orteils avec l'huile de théier pure.

- *Pour chasser les puces chez les animaux:* appliquer quelques gouttes sur le manteau de l'animal et masser.

Émotionnelle: l'huile essentielle de théier aide à retrouver l'énergie durant les périodes de stress. Elle a un effet calmant et revigorant.

Générale: elle est très désinfectante pour la peau. Elle aide également à dégager le mucus dans les poumons et favorise le travail du système immunitaire.

Voici quelques exemples de l'utilisation que l'on peut faire de cette huile essentielle dans le domaine de la santé.

- *Pour soigner les otites:* faire chauffer 5 mL (1 c. à thé) d'huile d'olive et ajouter 3 gouttes d'huile de théier. Masser le contour de l'oreille plusieurs fois par jour. (Compatible avec tout autre traitement.)

- *Pour soigner les rhumes:* incorporer 10 gouttes d'huile de théier et 10 gouttes d'huile d'eucalyptus à 20 mL (4 c. à thé) d'huile végétale et masser sous les narines.

- *Pour traiter les sinusites:* incorporer 10 gouttes d'huile de théier et 10 gouttes d'huile d'*Eucalyptus radiata* dans 500 mL (2 tasses) d'eau bouillante et inhaler pendant 5 minutes.

- *Dans les cas de maux de gorge et de laryngites:* se gargariser avec une eau additionnée de 5 gouttes d'huiles de théier et de citron. Utiliser deux ou trois fois par jour.

Les fleurs

La fragrance obtenue par le traitement des fleurs est généralement très prononcée. Les essences sont très difficiles à extraire (il faut avoir recours à des solvants) et elles sont très sensibles à la chaleur.

Les huiles essentielles provenant des fleurs sont tirées des plantes suivantes: la camomille, l'hélichryse, le jasmin, la lavande, le néroli, la rose, le thym et l'ylang-ylang.

La camomille *(Chamaemelum nobile)*

En grec, le mot camomille signifie «pomme sur le sol», du fait que la fleur pousse très près du sol et forme un véritable matelas. Elle était dédiée au dieu Soleil.

Description

L'huile essentielle de camomille est obtenue par la distillation des fleurs fraîchement coupées. Sa couleur est jaune pâle, quelquefois bleue.

Constituants *(azulène)*

Le plus important est l'azulène, qui est un anti-inflammatoire très efficace pour soigner les blessures cutanées. Cette substance n'est pas présente dans la fleur elle-même, mais elle se forme au moment de la distillation.

Précautions

À éviter durant les premiers mois de la grossesse.

Même si le prix est plus élevé, assurez-vous qu'elle est pure (100%), car lorsqu'elle est diluée avec des essences de térébenthine, elle ne peut apporter l'efficacité voulue.

Caractères: Yin et Yang
Chakra: 5
Élément: eau
Note: cœur
Odeurs: forte, fruitée et herbacée
Intensité: 9

Propriétés

Esthétique: des études scientifiques montrent que la camomille réduit la sécheresse, les démangeaisons, les rougeurs et la sensibilité de la peau, surtout dans les cas de peaux irritées et inflammées par des allergies. Elle aide à résorber l'eczéma, le psoriasis et la couperose.

Émotionnelle: c'est une huile sédative, qui aide les gens souffrant d'insomnie. Elle diminue le stress, combat la dépression et stabilise les émotions. Lorsqu'elle est appliquée au niveau de la gorge, elle aide la personne à exprimer ses émotions. Elle est aussi très utile pour calmer les enfants hyperactifs.

Générale: l'huile essentielle de camomille calme le système nerveux et réduit les douleurs de toutes sortes par son effet analgésique. Elle est recommandée aussi pour traiter les problèmes de digestion, la diarrhée, la nausée, et pour soulager les coliques de bébé et les douleurs qui accompagnent les percées de dents.

Elle favorise également l'élimination des vers intestinaux, plus particulièrement les ascaris et les oxyures. En friction sur les tempes et les sinus, elle peut calmer les migraines et les sinusites.

L'huile essentielle de camomille pourrait avoir une action désensibilisante, antihistaminique et antiallergique, surtout lorsqu'elle est diffusée dans la pièce où l'on se trouve.

L'hélichryse *(Helichrysum italicum)*

Fleur de couleur jaune or, l'hélichryse diffuse un parfum très intense, presque intoxiquant. La distillation des fleurs produit très peu d'huile, car celles-ci sont particulièrement sèches. Appelée également immortelle, l'hélichryse pousse à peu près n'importe où, même dans les sols très sablonneux.

Description

L'hélychrise est originaire de la Méditerranée, plus particulièrement de l'Afrique de l'Est et du Nord. Elle est présentement cultivée en Italie, en Yougoslavie, en Espagne et en France. Après distillation, l'huile est de couleur rougeâtre avec une odeur très prononcée.

Des médecins européens la recommandent pour tous les problèmes d'irritation. Elle réduit aussi les crampes abdominales, stimule la digestion et améliore le fonctionnement du foie et du pancréas.

Constituants *(ester)*

Limonène, pinène, y-curcumène, nérol, géraniol, linalol, furfurol, acétate de néryle, eugénol.

Précaution

Non toxique et non irritante, l'huile d'hélichryse doit cependant être évitée si l'on utilise des médicaments anticoagulants, car elle pourrait provoquer des hémorragies.

Caractère: Yin
Chakra: 6
Élément: air
Note: base
Odeurs: fleurie et sucrée
Intensité: 8

Propriétés

Esthétique: grâce à son pouvoir de régénération cellulaire, c'est l'une des meilleures huiles pour faire disparaître les ecchymoses, les hématomes, la couperose, l'acné, les varices, les vergetures, les taches pigmentaires et les vieilles cicatrices.

115

Émotionnelle: idéale pour traiter la dépression, la grande fatigue, les maux de tête causés par la congestion du foie, les migraines et la névralgie, cette huile aide à clarifier les pensées et à créer une ouverture d'esprit propice à l'apparition de nouvelles idées. Durant les périodes de changements dans la vie, elle donne de la confiance et un instinct plus sûr.

L'huile essentielle d'hélichryse active le côté droit du cerveau, donc le côté créatif. Elle aide durant les séances de méditation et de visualisation. Certaines personnes racontent qu'elle augmente les rêves et permet de se les rappeler plus facilement.

Générale: cette huile active la circulation sanguine et permet de contrôler les problèmes de nature circulatoire. Elle est aussi anti-inflammatoire. On la recommande, en conjonction avec le romarin *officinalis* et le *citrus limonum*, dans les cas d'insuffisance hépatique.

Le jasmin *(Jasminum officinale)*

Le jasmin est originaire de la Chine, de l'Inde et de l'Iran. En Inde, on l'appelle la «reine des fleurs» et on considère qu'elle aide à la croissance spirituelle. La cueillette se fait de nuit et selon un procédé manuel. Il faut 1000 kilos de fleurs pour produire 1 kilo d'huile essentielle.

Description

De couleur brun pâle, l'huile est épaisse et émane une odeur riche, fleurie, presque magique, et dont les qualités hormonales sont reconnues.

Constituants *(ester)*

Linalol, méthyle, jasmonate, méthyle anthralilate.

Précautions

L'huile essentielle de jasmin peut stimuler les règles. On doit l'éviter durant la grossesse, mais elle peut être bénéfique au moment de l'accouchement.

Caractères: Yang et Yin quand elle est diluée
Chakra: 2
Éléments: eau et feu
Note: cœur
Odeurs: fleurie et boisée
Intensité: 7

Propriétés

Esthétique: par son action rééquilibrante pour les hormones, l'huile de jasmin contrôle toutes les conditions de la peau, qu'elle soit sèche, grasse, déshydratée ou sensible. Elle régularise la production de sébum et est antiseptique, donc très appréciée dans les cas d'acné et de peaux grasses. Elle aide à réhydrater la peau qui manque d'humidité.

C'est une huile très appréciée en parfumerie: dans les produits de base, elle apporte un arôme agréable tout en jouant un rôle thérapeutique efficace.

Émotionnelle: le jasmin a un effet bénéfique sur la tension nerveuse: il apaise l'anxiété, la dépression, la fatigue nerveuse et le stress. Cette huile essentielle améliore les vibrations pour rendre la personne qui l'utilise plus positive et confiante en son potentiel.

Elle élimine les peurs et réchauffe les cœurs brisés. Elle aide à la créativité et à l'expression artistique, et augmente l'intuition.

L'huile essentielle de jasmin crée un effet d'euphorie et engendre la confiance et l'amour. Comme stimulant de la sensualité, elle donne le sentiment d'être plus attirant pour le sexe opposé.

Générale: l'huile de jasmin est recommandée pour les femmes qui souffrent de problèmes d'ordre génital. Elle apaise les crampes menstruelles et aide à renforcer l'utérus pendant l'accouchement. Pour les femmes qui allaitent, elle aide à la production de lait.

Aphrodisiaque reconnu, elle solutionne bien les problèmes d'impuissance et de frigidité.

Elle est utile aussi dans les massages pour soulager les crampes musculaires et les maux de dos.

La lavande *(Lavandula officinalis)*

L'huile de lavande est obtenue par distillation des fleurs de la plante, qui pousse dans tout le bassin méditerranéen, plus particulièrement en Provence (France). Il en existe plusieurs variétés qui ont sensiblement les mêmes effets esthétiques et thérapeutiques.

Description

La distillation des fleurs donne une huile jaune ou verte. La qualité de l'huile dépend du climat, de la terre et de l'altitude où la plante a été cultivée. La lavande française est plus riche en acétate linalyl.

Constituants *(ester)*

La plupart des huiles de lavande commerciales sont faites de plusieurs espèces réunies. Les constituants varient donc selon la composition. L'acétate de linalyle peut avoir une concentration allant de 9% à 54%. La lavande provenant des hautes altitudes contient plus d'ester.

Précautions

La lavande est l'une des huiles les moins toxiques. On pourra essayer de vous vendre du lavandin pour remplacer la lavande; il est moins cher, mais il est aussi moins efficace sur le plan thérapeutique.

La meilleure huile de lavande que l'on puisse trouver sur le marché est celle qui est obtenue par distillation, selon le procédé à l'ancienne, à partir de plantes sauvages provenant de la Haute-Provence ou cultivées agrobiologiquement.

Caractère: Yin
Chakras: 4 et 7
Élément: air
Notes: cœur et tête
Odeur: fraîche
Intensité: 4

Propriétés

Esthétique: l'huile essentielle de lavande est recommandée pour tous les types de peau. Comme elle est à la fois rafraîchissante et cicatrisante, elle convient parfaitement pour soigner l'acné, l'eczéma, le psoriasis, les brûlures, les coups de soleil et la couperose.

Émotionnelle: elle est très utilisée pour les problèmes d'ordre émotif. Elle aide à combattre l'insomnie, les maux de tête et les dérangements du système nerveux. Rudolf Steiner mentionne qu'elle stabilise les corps physique et éthérique.

Générale: l'huile de lavande se prête au traitement de divers problèmes: elle clarifie les sinus, aide le système respiratoire en entier et soulage les douleurs dues aux spasmes ou aux blessures. Voici quelques autres qualités qu'on pourrait lui attribuer: calmante, apaisante, sédative, anti-inflammatoire, en plus de régénérer le système cellulaire et de décongestionner le système circulatoire et le système musculaire. Non toxique, elle peut être employée pour les jeunes enfants. On devrait toujours en avoir dans sa pharmacie.

Le néroli *(Citrus aurantium fleur)*

Au XVIIe siècle, Anna Maria de la Trémoille, princesse de Nérole, aimait tellement cette fragrance qu'elle en mettait partout et en toute occasion. Toute la noblesse se mit à faire de même, et la plante prit bientôt le nom de la princesse.

Autrefois, les prostituées de Madrid se parfumaient avec le néroli, de sorte que les clients pouvaient les reconnaître à l'odeur. Mais la fragrance fut bientôt associée à l'innocence et on s'en servit pour les mariages.

Son prix élevé s'explique par la petite quantité d'huile que l'on peut produire avec une tonne de fleurs: à peine un quart de litre (1 tasse)!

Description

La culture se fait principalement en Italie, en France, en Égypte et en Sicile, mais c'est la Tunisie qui produit la meilleure huile.

Constituants *(monoterpène)*

Acétique ester, dipentène, terpinéol, farnésol, géraniol, jasmène, alpha et bêta pinène, nérol, nérolidol.

Précaution

À cause de son prix élevé, elle est souvent diluée avec du petit-grain, ce qui change, bien sûr, sa valeur thérapeutique.

Caractère: Yin
Chakras: 4 et 7
Éléments: feu et air
Note: tête
Odeurs: forte, fruitée et fleurie
Intensité: 5

Propriétés

Esthétique: l'huile essentielle de néroli augmente l'élasticité de la peau, particulièrement dans les cas de peaux sèches et matures. Elle peut être employée durant la grossesse pour prévenir les vergetures. Elle augmente la circulation sanguine et stimule le renouvellement cellulaire. Elle calme les émotions qui peuvent entraîner des problèmes de peau. Elle aide à éliminer l'acné, surtout si la peau est très déshydratée et sensible.

Émotionnelle: elle combat la dépression, l'insomnie, la tension nerveuse et la tristesse en apportant la joie au cœur. Elle favorise tout travail spirituel. Elle est très bonne pour soulager le syndrome prémenstruel et les problèmes liés à la ménopause.

On lui confère des vertus aphrodisiaques. En Europe, les thérapeutes l'utilisent pour calmer les états de panique et de grande tension.

Elle agit comme le remède secours *(Rescue Bach Remedy)* lorsqu'elle est appliquée sur le plexus solaire.

Générale: le néroli est l'une des huiles les plus sédatives et antidépressives que l'on puisse trouver. Elle combat l'infection et l'inflammation, et réduit les crampes musculaires.

L'hydrolat de fleurs d'oranger (eau de néroli) calme et aide le système digestif; il est recommandé pour les enfants souffrant de coliques.

La rose *(Rosa damascena)*

Même si elle est originaire d'Orient, la rose existe aujourd'hui en plusieurs centaines de variétés, et on la trouve partout dans le monde. Toutefois, trois variétés seulement se reproduisent assez fidèlement pour donner le vrai parfum de rose. Ce sont la rose *centifolia*, la rose *damascena* et la rose *gallica*.

De tout temps, la rose a été à la base des parfums des rois et des pharaons. Elle était utilisée par les femmes comme aphrodisiaque.

Il faut généralement deux tonnes de pétales de rose pour obtenir un kilo d'huile essentielle; c'est pourquoi l'essence de rose est l'une des plus chères. Les meilleures essences proviennent des roses cultivées en Bulgarie, au Maroc, en Orient et à Grasse, dans le sud de la France.

Bien souvent, les imitations d'essences de rose sont obtenues par un mélange d'essences pures avec des huiles essentielles de verveine de l'Inde, de géranium et de citronnelle.

Description

La distillation des pétales de rose donne une huile jaune pâle. La Bulgarie en est le principal producteur et les États-Unis, le principal importateur. En 1987, on a produit seulement 20 tonnes d'huile. Pour produire 1 livre d'huile essentielle de rose, il faut une quantité de 5000 livres de pétales. Un bon producteur en récolte 10 livres par jour!

Constituants *(monoterpénol)*

Géraniol, citronellol (45%), nérole (5%); ester (5%), phénol, méthyle éther, eugénol, rose oxydes (10%).

Précaution

Comme elle est très dispendieuse, l'huile de rose est souvent diluée avec du géranium, du bois de rose ou du palmarosa.

Caractère: Yin
Chakras: 2, 4, 6 et 7
Élément: terre
Notes: cœur et base
Odeurs: florale et sucrée
Intensité: 7

Propriétés

Esthétique: très bonne pour les peaux très sèches, pour la couperose et l'eczéma, elle aide à la régénération cellulaire. C'est un puissant antirides. Comme elle est très dispendieuse mais très efficace, on peut l'utiliser à petites doses.

Émotionnelle: très bonne huile pour les cœurs brisés, elle aide à rétablir le lien entre l'âme et le cœur. On peut l'utiliser dans des périodes de deuil et de tristesse, car elle développe le sentiment d'amour.

Elle permet aussi de stabiliser les humeurs, particulièrement après un accouchement.

Générale: l'huile essentielle de rose est un tonique et un fortifiant général; elle est particulièrement efficace pour les systèmes nerveux et respiratoire et pour la circulation du sang. Elle stimule les désirs sexuels, régularise le cycle menstruel et décongestionne le foie.

On dit aussi qu'elle peut faire augmenter la quantité de sperme et est donc recommandée dans les cas d'infertilité.

Le thym *(Thymus vulgaris)*

Si le thym a la propriété de pousser partout, c'est principalement dans le bassin méditerranéen qu'on le retrouve. Il parfume d'ailleurs agréablement les garrigues du sud de la France et de la Corse. Il en existe plus de 300 variétés.

Très utilisé par les Sumériens il y a plus de cinq millénaires, il servait aussi aux Égyptiens dans le rituel de l'embaumement. Le mot thym vient du grec *thumos* qui signifie «sentir» en raison de l'odeur de la plante. La légende veut qu'on en ait répandu dans le lit improvisé de Jésus pour le calmer et le réchauffer.

Les Romains croyaient que le thym donnait de la bravoure; ils avaient d'ailleurs l'habitude de se baigner dans un bain de thym avant les combats.

Au cours de la Première Guerre mondiale, le thym était utilisé avec le citron et le clou de girofle pour désinfecter et aseptiser les hôpitaux militaires.

Description

La couleur de l'huile essentielle de thym peut être rouge ou blanche, selon la couleur du contenant dans lequel elle est distillée. Elle se mélange bien avec les huiles de géranium, de lavande, de romarin et de bois de santal.

Constituants *(phénol)*

Thymol et carvacrol (de 25% à 40%), bornéol, cinéol, linalol, menthane, pinène.

Précautions

Comme elle est très irritante, il n'est pas recommandé de l'utiliser pure sur la peau, ni même diluée chez les enfants et les bébés.

Attention aux huiles frelatées avec de l'essence de térébenthine! Elles sont moins actives et plus désagréables.

Comme elle est un stimulant, il convient de ne pas en abuser si l'on est enceinte ou que l'on souffre d'hypertension. Elle fait partie des huiles fortes et pourrait donc produire une sensation de brûlure si elle était appliquée directement sur la peau.

Caractère: Yang
Chakras: 3 et 6
Élément: feu
Notes: tête et cœur
Odeurs: piquante et épicée
Intensité: 6

Propriétés

Esthétique: l'huile essentielle de thym est appropriée pour tous les problèmes de peau, particulièrement pour l'eczéma, l'acné et la peau grasse. Elle permet d'éliminer les toxines qui contribuent à l'apparition de la cellulite. Elle s'attaque aussi aux problèmes du cuir chevelu (pellicules).

Émotionnelle: elle est idéale pour combattre la fatigue mentale et le stress. Elle augmente en même temps la mémoire et la concentration.

Générale: l'huile de thym aide à combattre l'infection et augmente la résistance du système immunitaire. Elle calme les spasmes musculaires, la douleur et l'arthrite.

L'ylang-ylang *(Cananga odorata)*

Originaire de différents pays du Sud-Est asiatique, l'ylang-ylang sécrète une huile au parfum délicat qui est, à la fois, un antiseptique, un aphrodisiaque et un tonique du système nerveux.

Introduit à l'île de la Réunion et à Madagascar à la fin du siècle dernier, l'ylang-ylang est un arbre assez petit qui ne donne que peu de fleurs durant la saison des pluies.

En 1979, la production mondiale était de 100 tonnes, dont 70 provenaient des Philippines. Comme la culture se fait de plus en plus rare, une autre variété, le cananga, remplace l'ylang-ylang, mais donne une huile moins efficace sur le plan thérapeutique.

Description

La distillation des fleurs fraîches doit se faire très rapidement, car les molécules aromatiques de la plante sont très volatiles.

Constituants *(ester)*

Alpha pinène, acétate de benzyle et de géranyle, acétate de linalyle (de 5% à 7%), benzoate linalyle (de 8% à 10%), linalol (de 40% à 55%).

Précautions

Cette huile est souvent altérée avec du beurre de cacao ou de l'huile de coco. Vous pouvez vérifier vous-même sa pureté en la plaçant au réfrigérateur: si elle devient épaisse ou forme un nuage, c'est qu'elle a été diluée.

Utilisée en trop grande quantité, l'huile peut donner des nausées et des maux de tête.

L'huile essentielle d'ylang-ylang n'est pas recommandée pour les personnes hypotendues, puisqu'elle fait baisser la tension artérielle.

Caractère: Yin
Chakras: 2 et 3
Éléments: terre et eau
Notes: cœur et base
Odeurs: florale et fruitée
Intensité: 6

Propriétés

Esthétique: elle est bénéfique pour tous les types de peau, mais elle est surtout efficace pour traiter la peau grasse, car elle réduit l'excès de sébum et combat l'infection qui peut causer les problèmes d'acné.

Comme stimulant cellulaire, l'huile d'ylang-ylang peut adoucir les rides parce qu'elle relaxe les muscles du visage.

Émotionnelle: les thérapeutes européens traitent la dépression, l'insomnie et la tension nerveuse avec l'huile d'ylang-ylang. Elle a un effet positif sur les peurs, la colère et les frustrations.

L'ylang-ylang favorise l'expression des émotions positives et créatives ainsi que l'intuition. Elle est aussi recommandée pour les problèmes sexuels, comme la frigidité et l'impuissance.

Générale: cette fragrance stimule une partie du cerveau qui fabrique l'endorphine, donc elle est utile pour réduire la douleur, donnant un effet d'euphorie. Elle diminue également la tension artérielle et ralentit l'action du rythme cardiaque exagéré.

Les graines

Les huiles extraites des graines de certaines plantes sont particulièrement recommandées pour traiter les problèmes de digestion.

Les quelques huiles essentielles obtenues par les graines sont: la carotte, le céleri, la coriandre et le fenouil.

La carotte *(Daucus carota sativa)*

La carotte est probablement le légume racine le plus important dans notre alimentation. Elle est riche en éléments nutritifs et a des propriétés curatives incontestables.

Description

Les petites graines poilues qui apparaissent à maturité sont écrasées pour en obtenir une huile essentielle de couleur orangée. La plus grande partie de l'huile essentielle de carotte provient de l'Europe.

Constituants *(sesquiterpène)*

Acide acétique, carotol, bêta-carotène, bisaloxène, limonène, terpénol; géraniol, linalol, bornéol, citronnellol.

Caractère:	Yang
Chakras:	1 et 6
Éléments:	feu et eau
Note:	base
Odeurs:	chaude, boisée et terreuse
Intensité:	8

Propriétés

Esthétique: très nourrissante, l'huile essentielle de carotte augmente l'élasticité de la peau, réduit les cicatrices, les abcès, les irritations, l'acné rosacée, l'eczéma, le psoriasis, les peaux matures et ridées. Elle aide à la régénération cellulaire après avoir subi des brûlures sérieuses.

Émotionnelle: l'huile de carotte aide à se rappeler les rêves. Elle réduit les blocages psychiques et permet de se «rebrancher» sur la terre.

Générale: cette huile essentielle permet de régulariser le fonctionnement du pancréas et du foie en éliminant les toxines. Elle aide à la régénération des cellules hépatiques, réduit l'accumulation de cholestérol sanguin et favorise la production de lait chez la mère qui allaite.

Le céleri *(Apium graveolens)*

L'*Apium graveolens* est un céleri sauvage originaire d'Europe que l'on adapta à la culture au XVIIᵉ siècle. Celui que l'on cultive de nos jours dans nos jardins n'apparut qu'au XIXᵉ siècle.

Description

Les Grecs l'appelaient *selinon*, qui signifie «plante de la lune», car on disait qu'elle stimulait le système nerveux. Toute la plante contient de l'huile, mais c'est dans la graine que l'on trouve la plus grande concentration. Le céleri donne une huile de couleur jaune pâle, très fluide.

Constituants *(monoterpène)*

Lactone sédanolide, acide palminique, limonène, sélinène, carvone, paracymène.

Caractère: Yin
Chakra: 1
Élément: feu
Note: cœur
Odeur: citronnée
Intensité: 5

Propriétés

Esthétique: l'huile essentielle extraite des graines de céleri diminue les gonflements, les rougeurs, la rétention d'eau, les taches pigmentaires et la cellulite.

Émotionnelle: tonique et sédative pour le système nerveux central, l'huile de céleri est recommandée pour les gens souffrant d'insomnie; elle aide à atteindre un sommeil profond.

Générale: cette huile essentielle aide à éliminer les toxines qui causent les maladies et le vieillissement prématuré. Elle favorise la production de lait chez les mères. Elle est à la fois tonique pour le système nerveux et dépuratif pour les reins.

La coriandre *(Coriandrum sativum)*

Le mot coriandre vient du grec *koris* qui signifie «insecte». On dit que ses feuilles servaient de nid à plusieurs espèces.

Il s'agit sans doute de la plus vieille épice du monde. Dans la Bible, on en recommande même l'utilisation au jour de la pâque juive. Les Indiens, pour leur part, s'en servaient pour faire des incantations à leurs dieux.

Voici une petite histoire qui illustre bien les effets de l'huile de coriandre. En 1973, des travailleurs d'une distillerie de Grasse, en France, renversèrent un récipient contenant près de 25 kilos d'huile. S'affairant à nettoyer le tout et à récupérer ce qu'ils pouvaient, ils devinrent véritablement hystériques et s'amusèrent vivement de la situation. Mais, après un certain temps, l'euphorie fit place à l'agressivité sous l'effet de l'intoxication due à l'odeur. On dit même que la bagarre éclata. Deux travailleurs furent reconduits à la maison parce qu'ils souffraient de nausées et les autres durent prendre quelques jours de repos à cause d'une très grande fatigue.

Description

La coriandre est une herbe annuelle qui produit des petits fruits ronds de la grosseur d'une épingle. Ceux-ci sont très utilisés comme condiments par les peuples musulmans en raison de leurs propriétés digestives. Désodorisant naturel, la coriandre est très utilisée en parfumerie, particulièrement dans les fragrances pour hommes.

L'huile stimule la circulation et combat la rétention d'eau de sorte qu'elle est recommandée pour les personnes qui ont des problèmes de cellulite.

Constituants *(aldéhyde)*

Octanol, coriandrol (de 60% à 65%), géraniol, pinène, traces de bornéol, cymène, terpène.

Précautions

Utilisée à faible dose, l'huile de coriandre stimule et euphorise. À haute dose élevée, elle peut provoquer de l'excitation, de l'ivresse et même de la dépression.

Caractère:	Yin
Chakra:	2
Éléments:	feu et eau
Note:	tête
Odeurs:	épicée et boisée
Intensité:	5

Propriétés

Esthétique: l'huile essentielle de coriandre est efficace pour faire disparaître les vergetures et les cicatrices. Il ne faut pas l'utiliser sur les peaux sèches et sensibles.

Émotionnelle: la coriandre stimule la mémoire, car elle aide à la digestion: ne dit-on pas qu'une digestion lente gêne la concentration? De fait, l'absorption d'une goutte d'huile essentielle de coriandre après les repas favorise la digestion, permettant ainsi au sang de mieux circuler dans tout le corps et particulièrement au cerveau. Elle est aussi très efficace pour soulager les migraines.

Comme stimulant du système nerveux central, l'huile de coriandre donne de l'inspiration et de la créativité. Son action, semblable à celle de l'œstrogène, rééquilibre les hormones femelles et stimule le désir érotique.

Générale: l'huile essentielle de coriandre, prise après un repas, supprime la production de gaz et empêche les ballonnements gastro-intestinaux ainsi que les fermentations putrides dans le gros intestin.

Elle est un excellent tonifiant pour l'organisme dans les périodes de fatigue.

Le fenouil *(Fœniculum vulgare)*

Les Chinois, les Indiens et les Égyptiens utilisaient le fenouil en condiments. Selon le Grec Hippocrate, le père de la médecine occidentale, le fenouil stimulait la production du lait maternel. Quant aux Romains, ils s'en servaient pour ses propriétés digestives.

Description

À maturité, le fenouil mesure environ un mètre. Le mot fenouil vient du latin *fenuculum,* qui veut dire «foin». Ses graines sont distillées pour produire une huile à l'odeur d'anis.

Constituants *(éther)*

Anethol (60%), anisic aldéhyde, camphène, d-fenchone, estragol, pinène.

Précaution

Les personnes sensibles doivent éviter de l'utiliser.

Caractères : Yin et Yang
Chakra :   1
Élément :   air
Note :   tête
Odeurs :   sucrée et épicée
Intensité : 6

Propriétés

Esthétique : l'huile essentielle extraite du fenouil réduit la rétention d'eau, augmente la fermeté et redonne du tonus aux muscles faciaux. Elle désenfle la peau gonflée et redonne de l'humidité à la peau sèche et déshydratée. Elle permet d'avoir des seins plus fermes, réduit la cellulite et aide à contrôler le poids.

Émotionnelle : cette huile réduit le stress et la nervosité en redonnant le courage d'affronter la vie de tous les jours. Elle s'avère très efficace durant les périodes de vulnérabilité, car elle assure une protection à la personne qui l'utilise.

Générale : l'huile essentielle de fenouil réduit l'inflammation et les spasmes. Elle stimule l'appétit, élimine les gaz intestinaux, l'aérophagie, la constipation, les nausées et les parasites intestinaux. Elle désintoxique également de l'alcool, de la nicotine et des toxines. À utiliser les lendemains de veille.

Les écorces et les bois

Les huiles essentielles extraites des écorces et des bois de certains arbres sont équilibrantes et recommandées particulièrement pour la méditation et le yoga. Elles sont aussi antiseptiques.

On obtient des huiles essentielles à partir de l'écorce et du bois des arbres suivants: le bois de rose, le bois de santal et le cèdre.

Le bois de rose *(Aniba roseodora)*

L'arbre est originaire d'Afrique et du Brésil, où on le trouve en abondance dans la forêt amazonienne.

Description

L'huile provenant de la distillation de l'écorce est très utilisée en parfumerie. Elle est plus épaisse que la majorité des huiles et a un caractère boisé et fleural.

Constituants *(alcool monoterpène)*

Linalol (de 70% à 80%), a-terpinéol, géraniol, limonème, 1,8 cinéol, citronnellol.

Précaution

On recommande d'en faire l'essai à petite dose, car cette huile pourrait provoquer des dermatites et des problèmes d'allergies.

Caractère: Yang
Chakra: 4
Élément: terre
Notes: tête et cœur
Odeurs: fleurie, épicée et boisée
Intensité: 8

Propriétés

Esthétique: voilà une huile que l'on pourrait qualifier de passe-partout, car elle permet de rééquilibrer les fonctions de la peau. On l'utilise pour traiter l'acné, les peaux sensibles, les inflammations, les rougeurs, les dermatites et les peaux mixtes. Elle sert aussi d'anti-rides, car elle a un effet de régénérateur cellulaire. Son application régulière aide à atténuer les cicatrices. Les Brésiliennes d'Amazonie l'utilisent abondamment pour les soins de la peau, en particulier pour faire disparaître les rides, les vergetures et les cicatrices.

Émotionnelle: cette huile relaxe les nerfs, renforce le système nerveux et calme les émotions. Dans les périodes de travail intense, on peut utiliser le bois de rose pour favoriser le fonctionnement des glandes sur-rénales et abaisser le niveau de stress. Elle est utile aussi pour combattre les effets du décalage horaire.

Générale: l'huile de bois de rose combat l'infection, car elle stimule le système immunitaire. Elle favorise la guérison des petites coupures et s'avère un excel-lent tonique pour les maux de gorge. Elle a aussi des effets antifongique, antiviral et antiparasite.

Le bois de santal *(Santalum album)*

Le bois de santal a une longue histoire. Dans les très vieux textes sanskrits et chinois, on a noté l'utilisation de l'huile dans les rituels religieux. La médecine Ayur-vedic la prescrivait pour ses effets tonique et astrin-gent, et pour calmer les inflammations de la peau.

Description

L'arbre, pour pousser efficacement, exige un sol bien drainé dans un environnement qui reçoit au moins 100 mm de pluie par an. On le trouve surtout en Inde

(75% de la concentration mondiale), où le gouvernement lui porte un soin jaloux. Chaque arbre doit être enregistré. Il donne de petits fruits qui ressemblent à des cerises noires.

La production annuelle d'huile de bois de santal totalise environ 70 000 kilos, ce qui est bien peu considérant la demande; c'est pourquoi elle est souvent diluée avec d'autres huiles. Il faut être vigilant au moment de l'achat.

Constituant *(alcool sesquiterpénique)*

Santanol (90%).

Caractère:	Yang
Chakras:	crée le lien entre le 1 et le 7
Éléments:	eau, feu et air
Note:	base
Odeurs:	sucrée et boisée
Intensité:	5

Propriétés

Esthétique: l'huile essentielle de bois de santal réhydrate la peau, adoucit les rides et rééquilibre tous les types de peaux. Elle calme le feu du rasoir et les irritations qui causent la pousse de poils incarnés. Elle est très bonne même pour les peaux sensibles.

Émotionnelle: cette huile permet aux personnes introverties de devenir plus sociables et d'avoir plus d'entregent. Elle peut être très utile durant les périodes de deuil et de séparation.

L'odeur particulière de l'huile essentielle de bois de santal peut stimuler les désirs sexuels et combattre la frigidité et l'impuissance.

Elle travaille sur le chakra de la base autant que sur le chakra de la couronne. Les yogis la décrivent comme une huile de corps subtile. Elle est recommandée pour éveiller le pouvoir de la Kundalini: elle est particulièrement bonne pour refaire le lien entre les chakras.

Générale: l'huile essentielle de santal peut être considérée comme l'huile numéro un dans le traitement des inflammations et des écoulements provenant de la vessie et de l'urètre. Son action est merveilleuse dans les cas de cystite, d'urétrite et de prostatite.

Elle est également antiseptique pour la région intestinale; elle peut assainir la flore et même supprimer la diarrhée.

Le cèdre *(Cedrus atlantica)*

Le cèdre est l'arbre le plus souvent mentionné dans la Bible. Il symbolise la fertilité et l'abondance.

Le cèdre est originaire des montagnes de l'Atlas au Maroc, mais il est maintenant répandu dans plusieurs pays. La légende veut que le roi Salomon s'en servit pour construire un temple.

Au milieu du XVIIe siècle, les Britanniques plantèrent des cèdres au Liban. On dit que le premier qui fut planté existe encore de nos jours.

Au XIXe siècle, une forêt de cèdres fut plantée au mont Ventoux, en Provence (France).

Dans l'Égypte ancienne, l'huile de cèdre était utilisée pour le rituel d'embaumement, car sa résine contient un produit qui prévient la putréfaction. En 1698, un écrit de Nicolas Lemery fit état de ses actions thérapeutiques sur les systèmes urinaire et pulmonaire.

Description

Ce sont les Marocains qui produisent la plus grande partie de l'huile de cèdre que l'on retrouve sur le marché. Leur production est de l'ordre de six à sept tonnes par année.

L'arbre a une forme pyramidale et peut atteindre jusqu'à 40 mètres de hauteur. L'extraction se fait à partir de la distillation des copeaux de bois. L'huile est épaisse et jaune. La fragrance est boisée et fréquemment utilisée en parfumerie. Pour produire 1 livre d'huile essentielle, il faut 29 livres de bois de cèdre.

Constituants *(sesquiterpène)*

Cedrene (50%), caryophylène, cadinène, attantol, cedrenol.

Précautions

L'huile de cèdre ne doit pas être ingurgitée. Elle pourrait causer des nausées, des brûlures d'estomac et une grande soif.

Plusieurs variétés de cèdres servent à faire de l'huile, mais c'est l'huile marocaine qui possède les plus grandes vertus. L'huile américaine, tirée du genièvre *mexicano* et *virginiana*, n'est pas aussi efficace.

Caractère: Yang
Chakras: 1 et 6
Éléments: feu et air
Note: base
Odeur: boisée
Intensité: 4

Propriétés

Esthétique: l'huile essentielle de cèdre contrôle l'acné, la peau grasse, les pellicules, la séborrhée et les démangeaisons, et réduit l'excès de sébum. Elle est recommandée pour traiter la cellulite et pour combattre la rétention d'eau.

En application directe sur la peau affectée, dans les cas de dermatose, d'eczéma, de prurit et de piqûres d'insectes, elle aide à faire disparaître les démangeaisons tout en favorisant la guérison.

Elle prévient la chute des cheveux.

Émotionnelle: calmante, l'huile essentielle de cèdre stabilise les émotions fortes dans les périodes difficiles et redonne de l'indépendance et de l'objectivité. Comme antidépresseur, elle est efficace dans les périodes de stress intense.

Générale: l'huile de cèdre agit comme antiseptique urogénital. Elle peut aider à soigner les cystites, les vaginites, les métrites et les urétrites. Il s'agit tout simplement de frictionner le bas-ventre et le bas du dos avec l'huile essentielle incorporée à une base neutre.

Dans les cas de bronchite, frictionnez la poitrine avec l'huile essentielle incorporée à une base neutre ou respirez-en les émanations en en versant quelques gouttes dans votre main ou dans un mouchoir.

Les résines et les gommes

Les huiles produites à partir des résines et des gommes ont des affinités avec le système glandulaire; elles contrôlent les sécrétions.

Le benjoin, la myrrhe et l'oliban fournissent ces huiles essentielles.

Le benjoin *(Styrax benzoin)*

Originaire du Laos et du Viêt-nam, on retrouve, de nos jours, le benjoin à Java, à Sumatra et en Malaisie. Les Arabes l'appelaient *Luban-Jawi*, c'est-à-dire «l'encens de Sumatra».

Il était reconnu comme un cadeau somptueux dans plusieurs civilisations. Par exemple, le sultan d'Égypte fit parvenir au roi de Venise, en 1461, deux tapis persans et 80 kilos (177 livres) de benjoin et la même chose à la reine de Chypre, en 1476.

Dans ses écrits, Nostradamus a fourni plusieurs recettes à base de benjoin.

Description

L'huile de benjoin est tirée de la gomme de l'écorce de la plante.

En France, on s'en sert comme baume pulmonaire en en faisant brûler près des malades.

Constituants *(ester)*

Résine (de 70% à 80%), acide cinnaménique (de 20% à 25%), traces de vanillin.

Précaution

L'huile essentielle de benjoin peut causer des réactions allergiques chez certaines personnes.

Caractère: Yang
Chakra: 1
Élément: air
Note: base
Odeurs: vanillée et sucrée
Intensité: 4

Propriétés

Esthétique: grâce à son puissant pouvoir cicatrisant, l'huile essentielle guérit les fissures de la peau dues aux engelures et l'inflammation. Le benjoin aide à garder à la peau son élasticité et sa souplesse. Une application régulière permet d'atténuer les cicatrices.

Émotionnelle: cette huile permet de se détendre quand on se sent vidé. Elle réconforte les personnes tristes; elle calme les colères et l'irritabilité.

Certaines personnes affirment qu'elle aide à régler certains problèmes d'ordre sexuel, comme l'éjaculation précoce.

Générale: le benjoin combat les bactéries qui causent l'inflammation et les infections. Il clarifie les idées, tonifie le cœur et calme les esprits.

La myrrhe *(Commiphora myrrha)*

La myrrhe est une plante qui pousse en abondance le long de la mer Rouge, en Iran, en Libye, en Éthiopie et en Somalie.

Elle était très utilisée pour les rituels religieux et pour embaumer les morts. Tout le monde sait que la myrrhe est l'un des présents que les Rois mages ont offert à l'enfant Jésus dans la crèche de Bethléem.

Les Hébreux mêlaient la myrrhe à leur vin pour élever leur taux de conscience avant de participer à des rituels. Le même mélange était donné aux criminels quelques heures avant leur exécution pour calmer leurs souffrances mentales.

Description

L'huile de myrrhe est tirée de la résine qui se trouve dans la tige de la plante. On a commencé à la distiller vers le milieu du XVIe siècle et on l'utilisait dans certaines préparations pour guérir les plaies.

En médecine Ayurvedic, la myrrhe est toujours utilisée pour ses vertus cicatrisantes, particulièrement aux gencives. On s'en sert aussi dans les hôpitaux pour soigner les malades souffrant de plaies de lit.

Constituants *(sesquiterpène)*

Aldéhydes, terpène, acide myrrhole, eugénol, cinnamaldéhyde, cuminaldéhyde.

Précaution

Comme elle stimule les règles, il faut donc éviter de l'utiliser durant la grossesse.

Caractère: Yang
Chakras: 1 et 2
Élément: eau
Note: base
Odeurs: épicée et balsamique
Intensité: 6

Propriétés

Esthétique: la myrrhe a un puissant effet sur les plaies, les crevasses, les ulcères de la peau, le pied d'athlète et l'eczéma. Elle est très utilisée comme antirides, car elle régénère la peau, combat l'infection et adoucit la peau rugueuse.

Émotionnelle: cette huile fortifie les nerfs, motive la personne, redonne le pouvoir intérieur, donne de la clarté et du courage dans les temps difficiles. Son effet refroidissant apaise les colères.

Générale: la myrrhe combat les infections fongiques et bactériennes, réduit l'inflammation, aide à éliminer l'excès de mucus des poumons. Elle aide aussi la digestion et réduit les gaz. Elle est efficace pour soigner les ulcères de la bouche et aide à maintenir une bonne hygiène des gencives. Elle prévient également la mauvaise haleine.

L'oliban (*Boswellia carteri*)

À Babylone, on croyait que l'oliban était le plus précieux des cadeaux à donner à un dieu. On en faisait donc brûler dans les temples, ce que faisaient aussi les Égyptiens et les Hébreux.

L'huile d'oliban était très recherchée à l'époque et constituait l'une des principales ressources financières de certains pays arabes; son contrôle engendra, paraît-il, quelques guerres. La reine de Saba s'est même rendue visiter le roi Salomon, en Israël, pour s'assurer que ce commerce ne serait pas mis en péril.

Dans certaines sociétés, on brûlait de l'oliban autour des malades pour les débarrasser des démons. On faisait la même chose au cours des cérémonies religieuses.

Description

En incisant l'écorce de l'arbre originaire de l'Arabie et du sud-est de l'Afrique, on obtient une résine, laquelle, par distillation, donne une huile allant de translucide à jaune pâle.

Constituants (*sesquimonoterpène*)

Olibanol, terpènes (camphrène, alpha et bêta pinène, phellandrène).

Caractère: Yang
Chakras: 4, 5 et 6

Éléments: air et feu
Note: base
Odeurs: épicée et boisée
Intensité: 7

Propriétés

Esthétique: dans l'ancienne Égypte, on l'utilisait pour embellir la peau; on avait déjà découvert ses propriétés régénératrices, particulièrement bénéfiques pour les peaux sèches, matures et sensibles.

Elle adoucit les rides et régénère la peau fendillée et craquée. Elle a aussi des effets astringents, ce qui fait qu'elle aide à traiter la peau grasse. Elle est également utilisée comme agent fixatif dans plusieurs parfums.

Émotionnelle: cette huile essentielle fortifie les idées et calme l'anxiété et le stress. Elle guérit les cœurs brisés et permet de couper les liens avec le passé qui peuvent empêcher certaines personnes d'évoluer. En contrôlant la respiration trop rapide, elle produit un état de sérénité et de calme. Elle aide à se concentrer et à retrouver son énergie.

Elle est recommandée pour les exercices de méditation, de yoga et de visualisation.

Générale: l'huile essentielle d'oliban réduit l'inflammation et combat l'infection. Elle aide à éliminer l'excès de mucus, augmente l'évacuation de l'urine et stimule les règles.

Les zestes et les pelures

Les huiles essentielles extraites des zestes et des pelures par pressurage à froid agissent sur le système nerveux.

Les fruits qui sont utilisés sont: la bergamote, le citron, la mandarine, l'orange et le pamplemousse.

La bergamote *(Citrus bergamia)*

Fruit du bergamotier, son nom vient du turc et signifie «poire du Seigneur». L'arbre est cultivé en Italie et en Côte-d'Ivoire. On en fait des bonbons et on utilise abondamment son huile en parfumerie.

Description

On produit l'huile à partir de la pelure des fruits.

Constituants *(ester)*

Monoterpènes, linalol, nérol, géraniol, acétate de linalyle, d-limonène.

Précaution

L'huile de bergamote peut irriter les peaux sensibles: on doit en faire l'essai sur une petite partie de la peau.

Caractère: Yang
Chakras: 3, 4 et 5
Élément: feu
Note: tête
Odeurs: sucrée et fruitée
Intensité: 5

Propriétés

Esthétique: l'huile de bergamote aide à contrôler l'acné, le psoriasis et l'eczéma. Elle est de plus utile dans le soin des blessures et des piqûres d'insectes.

Émotionnelle: rafraîchissante, l'huile de bergamote calme l'anxiété, la dépression et les problèmes reliés au stress. Elle diminue l'action du système nerveux sympathique et diffuse l'énergie amoureuse.

Générale: antiseptique du système pulmonaire, cette huile combat la grippe et le rhume et soulage la gorge irritée. Elle favorise également la digestion.

Le citron *(Citrus limonum)*

Plusieurs compagnies aromatisent leurs produits de ce parfum pour la sensation de fraîcheur et de propreté qu'il dégage. Malheureusement, très peu de ces arômes proviennent vraiment du zeste du citron; ils sont plutôt reconstitués synthétiquement.

Description

On retrouve souvent sur le marché des huiles de citronnelle; elles sont beaucoup moins dispendieuses, mais elles ne procurent pas les mêmes effets thérapeutiques. La Sicile est réputée pour avoir le meilleur zeste de citron.

L'huile essentielle de citron ne se garde pas longtemps sur les tablettes, de six à huit mois au maximum. Elle doit être conservée au réfrigérateur de préférence. Des études réalisées au Japon ont démontré que la diffusion dans l'atmosphère de l'huile de citron faisait augmenter la productivité des employés. Par son grand pouvoir antiseptique, les vapeurs de l'huile essentielle de citron aident à éliminer le méningocoque et le typhus en quelques heures. Voilà donc une huile de choix à utiliser dans les chambres de malades, les garderies, les salles de conférences et dans les hôpitaux.

Constituants *(monoterpène)*

Limonène (90%), citral (de 3% à 5%), coumarines flavonoïdes, furocoumarines.

146

Précautions

Le citron peut irriter les peaux sensibles. Il peut aussi augmenter la photosensibilité, ce qui peut causer des coups de soleil et l'apparition de taches pigmentaires.

Caractère: Yang
Chakra: 3
Élément: feu
Note: tête
Odeur: citronnée
Intensité: 4

Propriétés

Esthétique: l'huile essentielle de citron rééquilibre les glandes sébacées qui sont hyperactives. Elle aide à soigner l'acné et contrôle les cheveux gras et les pellicules. Elle diminue la cellulite, améliore la circulation sanguine et favorise l'élimination des toxines.

À long terme, elle aide à réduire la couperose et les varices. Elle rend également les ongles plus forts.

Elle purifie les petites plaies et favorise leur cicatrisation.

Émotionnelle: rafraîchissante et remontante, cette huile favorise la clarté des idées et la concentration. Elle peut calmer dans les moments de grand stress en combattant la dépression et les peurs.

Générale: l'huile essentielle de citron stimule notre système de défense. Elle est également un puissant bactéricide apprécié dans les cas d'affections de la gorge et de la peau. Elle régularise les fonctions hépatobiliaires et favorise les fonctions circulatoires. Elle aide à guérir les rhumatismes en purifiant le sang.

La mandarine *(Citrus reticulata)*

Cet arbre, originaire de la Chine méridionale, doit son nom au fait que ses fruits étaient jadis offerts en présent aux mandarins chinois.

C'est le Brésil qui produit et exporte la plus grande partie de l'huile que l'on retrouve sur le marché.

Description

L'huile essentielle de mandarine est obtenue par distillation de l'écorce du mandarinier. Elle est délicatement et agréablement parfumée.

Constituants *(aldéhyde)*

Méthyle antranilate, limonène, géraniol et terpènes.

Caractères: Yin et Yang
Chakra: 2
Élément: feu
Notes: tête et cœur
Odeurs: sucrée et fruitée
Intensité: 5

Propriétés

Esthétique: par son action tropique, l'huile essentielle de mandarine aide à maintenir la jeunesse de la peau.

Émotionnelle: l'huile essentielle de mandarine calme l'agitation nerveuse et favorise le sommeil. Si vous souffrez d'insomnie, mettez quelques gouttes de cette huile sur l'oreiller; pour obtenir de meilleurs résultats, stimulez vos points énergétiques.

Générale: l'huile essentielle de mandarine, prise après un repas, aide à mieux digérer.

Tonicardiaque, elle calme les spasmes et les palpitations, stabilise le fonctionnement du cœur et renforce son tonus musculaire.

L'orange *(Citrus aurantium zeste)*

L'orange était associée, dans les temps anciens, à la générosité, à la fertilité et à l'innocence. On l'appelait la pomme d'or. Le mot «orange» vient de l'arabe *narandj*.

C'est Christophe Colomb qui emporta les premières oranges en Amérique. En Floride, les premières orangeraies furent plantées vers 1539.

Description

L'huile essentielle est obtenue par pression mécanique du zeste frais de l'orange. Son délicat parfum est aussi apprécié en thérapeutique qu'en art culinaire dans la confection de certains desserts.

Constituants *(monoterpène)*

Limonène (90%), aldéhyde, citrol, citronnellol, géraniol, linalol, terpène, coumarine, furocoumarine.

Précaution

L'orange peut irriter les peaux sensibles. Comme le citron, elle augmente la photosensibilité; il ne faut donc pas s'exposer au soleil après l'application.

Caractère: Yin
Chakra: 1
Élément: feu
Note: tête
Odeurs: sucrée et fruitée
Intensité: 5

Propriétés

Esthétique: l'huile essentielle d'orange possède plusieurs pouvoirs intéressants. Elle aide à la production de collagène, nettoie la peau congestionnée, guérit l'acné, augmente la résistance de l'épiderme, protège de la déshydratation, stimule la circulation sanguine, élimine les toxines, combat la rétention d'eau, décongestionne le système lymphatique et réduit la cellulite. Attention, elle peut irriter les peaux sensibles!

Émotionnelle: cette huile rééquilibre les émotions et peut relaxer ou stimuler, selon les besoins. Elle aide aussi à combattre l'anxiété et l'insomnie.

Particulièrement efficace pour les petites dépressions de la fin de l'hiver, son odeur apporte une chaleur qui élimine la tristesse et redonne de l'énergie.

Elle est très appréciée pour se débarrasser des effets du syndrome prémenstruel et des problèmes dus à la ménopause.

Générale: cette huile calme les spasmes, notamment les spasmes cardiaques. Elle met fin à l'agitation nerveuse et favorise le sommeil. L'huile d'orange favorise la digestion. Elle est efficace pour les enfants hyperactifs.

Le pamplemousse *(Citrus paradisi)*

Le pamplemousse est un hybride issu du *Citrus grandis*, appelé *pummelo*, et du *Citrus sinensis*, ou orange sucrée. Il est produit en Afrique du Sud, au Soudan et en Floride.

Description

On produit une huile aromatisée par pression à froid de l'écorce qui donne à peu près les mêmes effets que tous les autres citrus.

Constituants *(terpène)*

D-limonène (95%), aldéhydes, coumarine, furocoumarine.

Caractère: Yang
Chakra: 1
Élément: feu
Note: tête
Odeurs: sucrée et fruitée
Intensité: 4

Propriétés

Esthétique: le pamplemousse est bénéfique pour les peaux et les cheveux gras. Il aide également à contrôler la cellulite.

Émotionnelle: parce qu'elle stimule les neurotransmetteurs, l'huile procure un sentiment d'euphorie. Elle est particulièrement recommandée pour les personnes dépressives, auxquelles elle redonne un sentiment de bien-être et le goût de vivre.

Générale: cette huile permet de régulariser les problèmes d'appétit et stimule le fonctionnement de la vésicule biliaire. Elle améliore la circulation, assouplit les muscles fatigués et facilite la rétention d'eau.

Troisième partie

Des solutions essentielles à vos maux

L'aromathérapie
au service de la beauté

La pratique de l'aromathérapie nous prodigue des bénéfices exceptionnels en combinant les huiles essentielles dérivées de diverses plantes aromatiques. De fait, il est désormais possible d'améliorer les aspects physique, mental et spirituel de l'individu en ayant recours à des produits soigneusement préparés selon les dernières innovations en matière de soins naturels.

Les huiles essentielles sont rapidement absorbées par la peau, de sorte que leur utilisation en esthétique est tout à fait appropriée. Elles sont antibactériennes et aseptiques, puisque certaines de leurs molécules biochimiques, par exemple les phénols, sont reconnues comme des anti-infectieux puissants, tandis que les monoterpènes sont tonifiants et les aldéhydes, anti-inflammatoires. Lorsqu'elles agissent sur les émotions légèrement perturbées, elles stabilisent les états d'âme.

Les huiles essentielles sont utilisées pour les soins de la peau et du corps en général par les plus prestigieux spas du monde entier. Elles renferment des éléments nutritifs tels que le bêta carotène, la vitamine A et la vitamine C, reconnue pour ses propriétés anti-oxydantes qui aident la peau à conserver une apparence resplendissante.

Les produits Danielle Huard, pour lesquels j'ai moi-même surveillé les différentes étapes du développement en laboratoire, sont constitués d'ingrédients que l'on retrouve en Amérique du Nord. Ils sont tous entièrement végétals, donc de base vibrationnelle très haute. Que ce soit pour les soins de la peau, pour les soins capillaires, pour la diffusion dans votre environnement, pour le massage ou le bain, je vous en garantis la qualité et l'efficacité.

En créant une synergie entre les huiles essentielles, il est possible de renforcer au maximum leur effet thérapeutique. (N'oubliez pas toutefois de tenir compte de l'incompatibilité de certaines huiles, de leur parfum propre et de leur degré d'irritabilité.) Le résultat: des produits personnalisés selon les besoins spécifiques. Certains sont apaisants, d'autres astringents; certains sont régénérateurs, d'autres aseptiques. Le choix dépend des résultats que vous voudrez obtenir.

En prenant l'habitude de recourir aux huiles essentielles sur une base quotidienne, vous en deviendrez rapidement une ou un adepte inconditionnel. Vous constaterez ses effets concluants: l'aromathérapie établit un équilibre parfait entre l'intérieur et l'extérieur.

Les soins du visage

Je vous suggère un traitement en six étapes. Il est à la fois simple et efficace, et met à profit la puissance des huiles essentielles.

Étape 1 : lait nettoyant végétal et mousse nettoyante astringente.

Étape 2 : bruine de fleurs apaisante et bruine de fleurs astringente.

Étape 3 : exfoliant terre-mer.

Étape 4 : oléum végétal.

Étape 5 : masque terre-mer.

Étape 6 : émulsion végétale et gel hydrofluide neutre.

Le lait nettoyant végétal

Les laits de beauté offerts sur le marché comprennent plusieurs ingrédients dont vous ignorez probablement les propriétés. Ils contiennent, entre autres choses, du sodium lauryl sulfate, une substance chimique qui a la propriété de nettoyer, mais qui est aussi susceptible de causer des réactions allergiques et des irritations cutanées. On y trouve aussi des stabilisateurs, des préservatifs, de la couleur artificielle et des parfums synthétiques qui peuvent détériorer la condition de la peau.

Le lait nettoyant végétal, qui fait partie de mes produits, est à base végétale naturelle. C'est un lait onctueux qui élimine toute trace d'impureté et préserve l'hydratation du visage sans jamais laisser de film gras. Il est conçu pour les peaux sèches ou déshydratées.

Appliquez-en une petite quantité et exercez de petits mouvements circulaires en évitant le contour des yeux. Rincez abondamment à l'eau tiède, puis faites suivre de la bruine de fleurs apaisante. Un usage quotidien est suggéré.

La mousse nettoyante astringente

La plupart des savons commerciaux sont néfastes pour la peau délicate du visage, puisqu'ils contiennent des ingrédients qui agissent comme de véritables décapants et qui ont pour effet de détériorer la condition de l'épiderme. La mousse astringente que j'ai préparée pour vous a un taux de pH équilibré et nettoie en profondeur l'épiderme sans jamais la déshydrater.

Appliquez une petite couche de votre mousse et exercez de petits mouvements circulaires en évitant le contour des yeux. Rincez abondamment à l'eau tiède et faites suivre de la bruine de fleurs astringente. Un usage quotidien est suggéré.

La bruine de fleurs apaisante (mélange de plusieurs eaux florales)

Cette bruine rafraîchissante et calmante, conçue pour les peaux sèches ou déshydratées, complète l'action du lait nettoyant en éliminant tous les résidus logés à la surface de l'épiderme. Vaporisez-en librement sur la peau parfaitement nettoyée au préalable.

La bruine de fleurs astringente (mélange de plusieurs eaux florales)

Cette bruine rafraîchissante et tonifiante, conçue pour les peaux grasses, complète l'action de la mousse nettoyante en éliminant les résidus logés à la surface de l'épiderme. Vaporisez-en librement sur la peau parfaitement nettoyée au préalable.

L'exfoliant terre-mer

Les plus récentes recherches scientifiques ont permis de découvrir que l'ADN des algues ressemble étonnamment à celui des humains. Cette similitude lui confère des qualités exceptionnelles dont un pouvoir d'absorption maximal pour la peau résultant en une hydratation et une élasticité extraordinaires.

La synergie des algues et de la boue permet d'exfolier les cellules dévitalisées et les autres impuretés logées à la surface de l'épiderme tout en favorisant son renouvellement cellulaire.

Appliquez une petite quantité d'exfoliant et massez du bout des doigts en exerçant de petits mouvements circulaires. Évitez le contour des yeux. Rincez abondamment à l'eau tiède.

L'oléum végétal

L'oléum végétal est une synergie d'huiles végétales de première pression dont les applications sont variées. En y ajoutant l'huile essentielle de votre choix, à raison de 25 gouttes pour 180 mL (6 oz), vous découvrirez une impression de fraîcheur laissée par un voile satiné.

Ce produit est destiné à un usage externe seulement. N'excédez pas la quantité recommandée afin d'éviter tout risque d'irritation.

Pour le bain, mélangez de 8 à 10 gouttes d'huiles essentielles pures ou en synergie à 125 mL ($^1/_2$ tasse) de sel d'algues pour le bain.

Pour le massage, mélangez 25 gouttes d'huiles essentielles pures ou en synergie à 180 mL (6 oz) d'oléum végétal.

Le masque terre-mer

Les produits cosmétiques à base de boue sont toujours très populaires; la plupart des grands spas européens et orientaux en préconisent l'usage. Chez nous, on trouve ces produits dans les boutiques d'aliments naturels. Les propriétés de reminéralisation de la boue sont formidables: elle fournit de la silice, de l'aluminium, du fer, du calcium, du magnésium, du sodium, du potassium et d'autres minéraux.

La synergie des algues et de la boue pénètre l'épiderme en profondeur pour en extraire les toxines et les autres impuretés. L'action combinée des oligoéléments et des minéraux nourrit l'épiderme pour lui donner une apparence saine et lumineuse dès la première application.

Ajoutez 3 gouttes de vos huiles essentielles préférées dans 15 mL (1 c. à soupe) de masque. Appliquez sur la peau parfaitement nettoyée en évitant le contour des yeux. Laissez agir 15 minutes et rincez à l'eau tiède. Puis, faites suivre par l'émulsion végétale ou le gel hydrofluide.

L'émulsion végétale

L'émulsion végétale constitue un excellent véhicule pour les nutriments nécessaires à un épiderme sain et équilibré, puisqu'elle contient des acides gras essentiels, des vitamines et des minéraux. En y ajoutant des huiles essentielles sélectionnées avec soin selon les besoins de votre peau, vous obtiendrez une crème de qualité exceptionnelle et dont les bienfaits seront autant intérieurs qu'extérieurs.

Ajoutez 10 gouttes de vos huiles essentielles dans 125 mL ($\frac{1}{2}$ tasse) d'émulsion végétale. Un usage quotidien est suggéré. Suivez les recommandations concernant les doses à utiliser afin d'éviter tout risque d'irritation.

Le gel hydrofuge

Le gel hydrofuge est le complément parfait des huiles essentielles. Il vous suffit de l'adapter à vos besoins spécifiques. C'est un excellent véhicule pour les nutriments nécessaires à un épiderme sain et équilibré. Il est conçu pour les peaux à tendance grasse.

Ajoutez 10 gouttes de vos huiles essentielles préférées dans 125 mL ($\frac{1}{2}$ tasse) de gel. Un usage quotidien est suggéré.

Les soins amaigrissants

La balnéo minceur

L'action synergique des algues et du sel marin, combinée aux huiles essentielles, est la façon la plus efficace de préparer votre épiderme pour les traitements à l'algo sérum et à l'émulsion minceur.

Ajoutez 10 gouttes d'huiles essentielles à 100 g ($3\frac{1}{2}$ oz) de poudre balnéo minceur.

L'algo sérum concentré

L'action synergique des algues et des huiles essentielles stimule le métabolisme de manière à décomposer les résidus sous-cutanés et à purifier l'épiderme.

Ajoutez 15 gouttes d'huile essentielle minceur comme le citron, le genévrier, le cyprès, le pamplemousse à votre algo sérum. Faites pénétrer deux fois par jour sur les parties affectées en exerçant de petits mouvements circulaires.

L'émulsion minceur

L'action synergique des algues et des huiles essentielles stimule le métabolisme de manière à décomposer les résidus sous-cutanés.

Ajoutez 15 gouttes d'huile essentielle minceur à votre émulsion minceur. Faites pénétrer deux fois par jour sur les parties affectées en exerçant de petits mouvements circulaires.

D'autres soins

La balnéo moussante pour le bain

La balnéo moussante est un produit unique en son genre. Elle harmonise les bienfaits thérapeutiques du bain et ceux des huiles essentielles que vous pouvez personnaliser selon vos besoins particuliers.

Ajoutez 10 gouttes d'huiles essentielles à 30 mL (1 oz) de balnéo moussante.

Le shampooing végétal

Le shampooing végétal harmonise les bienfaits d'un soin capillaire de qualité et des huiles essentielles. Vous pouvez personnaliser ce traitement unique selon vos besoins particuliers.

Ajoutez 10 gouttes d'huiles essentielles par 100 mL (3 $\frac{1}{2}$ oz) de shampooing. Mouillez les cheveux et faites mousser. Rincez.

La diffusion dans l'atmosphère

La diffusion dans l'atmosphère est une des méthodes les plus utilisées et les plus bénéfiques pour profiter au maximum des huiles essentielles. Le diffuseur d'huiles essentielles constitue l'appareil de base d'un tel usage. Les microparticules volatiles qui s'échappent du diffuseur sont absorbées par les poumons, qui rediffusent à leur tour dans le corps les principes actifs des huiles essentielles.

Voici les principales qualités de la diffusion dans l'atmosphère.

- Elle élimine toutes les odeurs désagréables provenant de la fumée de tabac, des animaux, de la nourriture, etc., qui demeurent imprégnées dans la maison. La diffusion est sanitaire et désinfectante.

- Elle revitalise, régénère et redonne de l'énergie à l'air que vous respirez.

- Elle apporte des ions négatifs, généralement absents dans les villes et à l'intérieur des maisons. Ces ions, souvent générés par la mer, sont très bénéfiques. Le diffuseur en génère peut-être moins, mais cet apport est amplement suffisant pour nos besoins quotidiens; il est harmonieusement complété par les qualités aromatiques des huiles essentielles.

- Par le choix de différentes huiles essentielles à incorporer individuellement ou ensemble dans le diffuseur, elle apporte des bienfaits particuliers. Voici une liste de ces possibilités.

  – Huiles essentielles favorables aux voies respiratoires: cajeput, eucalyptus, hysope, lavande, niaouli, pin, thym, ravensare;

  – Huiles essentielles revitalisantes: coriandre, géranium, girofle, muscade, origan, romarin, sarriette;

  – Huiles essentielles décontractantes: bergamote, camomille, lavande, néroli, marjolaine, orange, petit-grain;

  – Huiles essentielles revitalisantes et exotiques: cannelle, bois de santal, ylang-ylang, coriandre;

  – Huiles essentielles douces et agréables: bois de rose, camomille, géranium, lavande.

Il est important de connaître la durée idéale de diffusion dans l'atmosphère pour les différentes utilisations.

Le diffuseur électrique conventionnel, plus répandu, peut être branché une heure, matin et soir, s'il est utilisé à la maison.

Dans une salle de conférences, branchez le diffuseur pendant la durée de la réunion. Dans un bureau, une boutique ou le hall d'un lieu public, laissez fonctionner l'appareil toute la journée. Durant une période d'infection, même si c'est à la maison, laissez fonctionner le diffuseur toute la journée.

Les autres utilisations

Pour une inhalation efficace et toute simple, versez de 3 à 5 gouttes d'huiles essentielles pures dans un bol d'eau bouillante, puis inhalez la vapeur de 5 à 10 minutes. C'est un moyen très efficace de combattre les symptômes de la grippe et de la congestion.

Pour les compresses, versez de 2 à 4 gouttes d'huiles essentielles dans un récipient rempli d'eau chaude et plongez-y une serviette. Essorez-la, puis placez-la sur la partie infectée. Voilà une lotion antibactérienne et aseptique puissante.

Dix ingrédients synthétiques à éviter

Voici une liste d'ingrédients que l'on trouve habituellement sur les étiquettes de la plupart des produits de soin sur le marché, même ceux qui se disent naturels. Apprenez à lire les étiquettes, surtout si votre peau est très sensible.

1. Imidazolinyl urea et diazolidinyl urea: utilisés comme préservatifs, il a été prouvé, par l'Académie de dermatologie des États-Unis, qu'ils étaient l'une des causes des dermatites de contact. On les trouve aussi sous le nom de Germal II et Germal 115. Le Germal 115 produit des formaldéhydes, un agent toxique pour le corps.

2. Méthyle, propyl et éthyle paraben: utilisés pour éviter la prolifération des microbes et pour conserver les produits plus longtemps, ils sont reconnus comme des agents toxiques.

3. Petrolatum: utilisé dans les rouges à lèvres comme protecteur contre le soleil et les crevasses, il s'agit là d'une huile minérale qui cause beaucoup de problèmes à la peau. Le Petrolatum augmente la photosensibilité et empêche la production d'huiles naturelles du corps. La peau devient ainsi sèche et irritée.

4. Propylène glycol: c'est une glycérine végétale, mélangée à de l'alcool de grain, qui est reconnue comme une cause de réactions allergiques. Elle est toxique.

5. Sodium lauryl sulfate: ce produit synthétique est utilisé dans les shampooings pour ses propriétés détergentes et émulsifiantes. Il cause des irritations aux yeux et à la peau. Il provoque également la perte des cheveux et des réactions allergiques.

6. Stearalkenium chloride: très utilisé dans les «conditionneurs» pour les cheveux, ce produit toxique cause des réactions allergiques.

7. Couleurs synthétiques: elles sont très utilisées dans les cosmétiques pour embellir l'apparence et l'étalage. Elles doivent être évitées à tout prix. Elles prennent souvent les appellations suivantes: FD & C ou D & C (suivies du numéro de couleur). Les couleurs synthétiques sont des agents très cancérigènes.

8. Tricthanolamine: utilisé dans les cosmétiques pour ajuster le pH, il cause des réactions allergiques aux yeux et assèche la peau et les cheveux. Il peut être toxique lorsqu'il est absorbé sur une longue période.

9. Fragrances synthétiques: certains produits en contiennent jusqu'à 200 différentes sans que l'on sache exactement de quoi il s'agit. Elles peuvent causer des maux de tête, des étourdissements, des irritations de la peau, de l'hyperpigmentation, une toux violente et des vomissements.

10. PVP/VA Copolymer: dérivé du pétrole, ce produit est utilisé dans les gels, les fixatifs et d'autres produits cosmétiques. Les petites particules qui le forment peuvent attaquer les poumons et provoquer de l'asthme chez certaines personnes.

Guide des maux du corps et de l'âme et des huiles essentielles qui peuvent les traiter

Dans le présent chapitre, j'ai voulu regrouper un certain nombre de maux, de maladies ou de conditions physiques auxquels les huiles essentielles peuvent apporter un soulagement. Mais je tiens à préciser qu'il s'agit essentiellement d'un guide et que l'on ne devrait jamais entreprendre un traitement sans avoir d'abord consulté un ou une spécialiste de l'aromathérapie.

Les huiles à utiliser, leur dose et leur mode d'utilisation doivent être soigneusement déterminés. Voyez les détails au chapitre 3.

Les maux du corps

Abcès: bergamote, graines de carotte, camomille, camphre, cèdre, citron, eucalyptus, gaulthérie, géranium, hélichryse, genièvre, lavande, laurier, néroli, niaouli, origan, patchouli, menthe, romarin, rose, bois de santal, sauge, thym, théier, ylang-ylang.

Acné: bergamote, eucalyptus, cèdre, camphre, camomille, pamplemousse, géranium, genièvre, lavande, citron, mélisse, néroli, niaouli, orange, patchouli, petit-grain, menthe, bois de rose, rose, bois de santal, sauge, théier, thym, ylang-ylang, vétiver, violette, gaulthérie.

Analgésique: anis, basilic, bergamote, poivre noir, camphre, camomille, clou de girofle, coriandre, cumin, eucalyptus, géranium, gingembre, fenouil, hélichryse, jasmin, genièvre, laurier, lavande, marjolaine, niaouli, origan, menthe, pin, bois de rose, ravensare, sauge, sarriette, thym, vétiver, violette, gaulthérie.

Antibiotique (effet): eucalyptus, niaouli, thym, cèdre, cyprès, laurier, origan, cannelle.

Antihématome: hélichryse, camphre, géranium, benjoin, marjolaine, clou de girofle, hysope, laurier, gingembre, persil, lavande, camomille, thym.

Antihistaminique (effet): camomille, hélichryse, lavande, géranium, patchouli.

Anti-inflammatoire: angélique, basilic, oliban, ylang-ylang, cyprès, orange, bergamote, myrrhe, petit-grain, coriandre, carotte, citronnelle, eucalyptus, fenouil, gaulthérie, hélichryse, jasmin, genièvre, céleri, sauge sclarée, menthe, patchouli, rose, bois de santal.

Antiparasite: anis, bois de rose, ylang-ylang, cannelle, myrrhe, citronnelle, cumin, coriandre, cyprès, eucalyptus, hysope, lavande, théier, basilic, origan, marjolaine, patchouli, camphre, thym.

Antiparasite pour la peau: clou de girofle, santoline, citron.

Antiseptique:

- **environnement:** tous les citrus (particulièrement lime, pamplemousse, citron), sapin, épinette, eucalyptus, cèdre, cannelle, lavande, thym. Presque toutes les huiles du Québec;

- **intestins:** sarriette, clou de girofle, niaouli, thym, cannelle, anis;
- **système génito-urinaire:** citron, théier, niaouli, genièvre, angélique, céleri, bergamote, cèdre rouge, thym, ravensare, laurier, cannelle, eucalyptus, bois de santal;
- **système pulmonaire:** sapin baumier, cannelle, bergamote, cèdre rouge, benjoin, cardamome, laurier, lavande, eucalyptus;
- **système urinaire:** genièvre, thym, bois de santal, ravensare.

Antitussif: anis, sapin baumier, gaulthérie, hélichryse, épinette noire, ravensare, thym, lavande, gingembre.

Asthme: anis, benjoin, cyprès, eucalyptus, hysope, ravensare, lavande, niaouli, sauge, sarriette, thym, menthe, géranium, marjolaine.

Astringent: sapin baumier, oliban, cèdre, cannelle, lime, citron, pamplemousse, cyprès, hélichryse, hysope, genièvre, laurier, menthe, géranium, persil, patchouli, camphre, sauge, bois de santal, sarriette, benjoin, thym, gaulthérie.

Cellulite (douleurs): cyprès, origan, lavande, théier, camomille.

Cellulite (rétention d'eau): cèdre, céleri, cyprès, fenouil, orange, eucalyptus, genièvre, lavande, origan, pamplemousse, citron, mandarine, géranium, persil, patchouli, camphre, sauge, thym, gaulthérie, théier.

Chasse-moustiques: citronnelle, camphre, géranium, bergamote, théier, anis, cèdre, mélisse, menthe, basilic, patchouli.

Chevelure:

- **en général:** romarin, bergamote, sauge, bois de santal;
- **cheveux gras:** citron, camphre, bois de cèdre, petit-grain, sauge sclarée, citronnelle, romarin;
- **cheveux secs:** ylang-ylang, romarin, bois de rose;
- **pellicules:** cèdre, patchouli, romarin, théier;
- **perte des cheveux:** sauge sclarée, cèdre, camomille, citron, clou de girofle, lavande, lime, romarin, bois de santal, sauge, thym;
- **pousse des cheveux:** pamplemousse, sauge sclarée, genièvre, romarin, camphre, gingembre, cèdre, laurier, ylang-ylang.

Cicatrices: hélichryse, bois de rose, néroli, mandarine, petit-grain, coriandre, oliban, hysope, carotte, patchouli, sauge, laurier, coriandre, lavande, niaouli.

Cicatrisant: sapin baumier, camomille, oliban, cèdre, genièvre, néroli, bergamote, citron, origan, persil, eucalyptus, fenouil, hélichryse, hysope, jasmin, lavande, théier, niaouli, géranium, patchouli, camphre, romarin, sauge, laurier, sauge sclarée, bois de santal, sarriette, thym.

Circulation:

- **artérielle:** petit-grain, hélichryse;
- **capillaire:** lavande, petit-grain, hélichryse, citron, romarin, laurier;
- **veineuse:** basilic, hélichryse, cyprès, camphre.

Coliques: camomille, angélique, néroli, cumin, coriandre, carotte, fenouil, anis, lavande, mélisse, menthe, marjolaine, géranium, persil, sauge sclarée, benjoin, gingembre.

Coliques de bébé: camomille, fenouil, lavande (en compresses seulement).

Constipation: carotte, cannelle, sarriette, romarin, basilic.

Dermatites: bois de rose, camomille, patchouli, lavande, niaouli, géranium, cyprès, thym, bois de cèdre.

Désintoxiquant: angélique, cumin, fenouil, pamplemousse, genièvre, citron, oignon, persil, rose, sauge, vétiver, eucalyptus, carotte, coriandre.

Digestif: angélique, camomille, céleri, clou de girofle, oliban, cumin, cannelle, néroli, orange, citron, pamplemousse, petit-grain, coriandre, thym, fenouil, gaulthérie, hysope, anis, jasmin, lavande, mélisse, menthe, basilic, origan, marjolaine, persil, patchouli, ravensare, camphre, sauge, bois de santal, benjoin, laurier, gingembre.

Eczéma: camomille, bergamote, myrrhe, eucalyptus, lavande, carotte, hélichryse, hysope, géranium, patchouli, rose, genièvre, pin.

Estomac:

- **indigestion:** menthe, thym, basilic;
- **infection:** hélichryse, thym, origan, laurier, sarriette, ravensare, cannelle, théier, bois de rose, clou de girofle, niaouli;
- **inflammation de la membrane muqueuse:** citron, camomille, hélichryse.

Fongicide: angélique, épinette noire, cèdre, cannelle, camomille, sauge sclarée, citronnelle, coriandre, bergamote, clou de girofle, géranium, hélichryse, oignon, laurier, lavande, myrrhe, mandarine, néroli, orange, origan, patchouli, bois de rose, sauge, basilic, marjolaine, menthe, camphre, bois de santal, sarriette, benjoin, théier, thym.

Herpès: géranium, basilic, ravensare, eucalyptus, hélichryse, niaouli, bergamote, mélisse, rose, théier, citron.

Insecticide: cannelle, citronnelle, bergamote, patchouli, géranium, bois de cèdre, citron, eucalyptus, laurier, lavande, sauge, bois de santal, thym.

Laxatif: anis, poivre noir, camphre, fenouil, gingembre, citron, marjolaine, mandarine, origan, persil, rose, sauge, violette.

Migraines et maux de tête: angélique, coriandre, thym, cumin, camomille, hélichryse, mélisse, romarin, sauge sclarée, basilic, origan, marjolaine, anis, rose, lavande.

Mycose respiratoire: eucalyptus, thym, théier, menthe.

Œdèmes: angélique, benjoin, poivre noir, carotte, cèdre, céleri, camomille, coriandre, cyprès, eucalyptus, fenouil, géranium, hysope, genièvre, lavande, citron, mandarine, orange, persil, patchouli, rose, romarin, sauge, bois de santal, thym, violette.

Pied d'athlète: théier, camomille, lavande, myrrhe, sarriette.

Piqûres d'insectes: lavande, théier, cannelle, eucalyptus, origan, niaouli, sauge, mélisse, basilic, persil, patchouli, sarriette, thym, lavande, ylang-ylang, menthe, hélichryse, citron, orange.

Psoriasis: angélique, bergamote, carotte, camomille, lavande, mélisse, origan, pin, sauge.

Purificateur:

- **en général:** eucalyptus, citron;
- **intestins:** thym;
- **membrane muqueuse:** menthe;
- **vessie:** bois de santal.

Relaxant:

- **en général:** angélique, basilic, benjoin, bergamote, carotte, cèdre, céleri, camomille, citronnelle, sauge sclarée, cyprès, eucalyptus, oliban, géranium, hélichryse, jasmin, lavande, mandarine, marjolaine, mélisse, néroli, orange, petit-grain, rose, bois de rose, romarin, bois de santal, thym, vétiver, violette, ylang-ylang;
- **musculaire:** origan, carotte, anis, camphre, valériane;
- **utérin:** gingembre, sauge sclarée.

Revivifiant: petit-grain, orange, lime, niaouli, thym.

Rhume: camphre, eucalyptus, gingembre, hysope, hélichryse, lavande, mélisse, origan, menthe, pin, romarin, sauge, thym, oignon, angélique, bois de rose, oliban, cannelle, orange, bergamote, citron, pamplemousse, myrrhe, coriandre, citronnelle, clou de girofle, hélichryse, anis, genièvre, laurier, théier, niaouli, mélisse, menthe, marjolaine, ravensare, sarriette, benjoin.

Séborrhée: bergamote, patchouli, sauge, romarin, cèdre, sauge sclarée.

Sédatif:

- **en général:** benjoin, bergamote, cèdre, céleri, camomille, sauge sclarée, cyprès, eucalyptus, oliban, hélichryse, hysope, jasmin, lavande, laurier,

173

menthe, mandarine, petit-grain, marjolaine, mélisse, géranium, persil, néroli, patchouli, rose, sauge, bois de santal, orange, valériane, vétiver, ylang-ylang, angélique;

- **système nerveux:** sapin baumier, camomille, ylang-ylang, petit-grain, bergamote, lime, mandarine, orange, rose, sauge sclarée, bois de santal, benjoin, vanille, patchouli.

Soins de la peau:

- **en général:** rose, lavande, romarin camphré, cyprès, géranium, camomille, bois de rose, orange;
- **acné:** lavande, thym linalol, rose, géranium, genièvre, théier, petit-grain, pamplemousse, bois de santal, vétiver, menthe, basilic, camomille allemande, bois de cèdre, camphre, bois de rose, thym thymol, mélisse, niaouli;
- **acné rosacée:** camomille allemande;
- **acné sèche:** petit-grain, lavande, sauge sclarée, rose, géranium;
- **âgée (peau):** anis, graines de carotte, oliban, fenouil, géranium, patchouli, rose, romarin verbenone, sauge sclarée, bois de rose, cyprès, fenouil, lavande, néroli.
- **astringent:** citron, pamplemousse, romarin;
- **boursouflures:** origan, marjolaine espagnole, cyprès, menthe poivrée, romarin, fenouil, céleri, sauge sclarée, camomille romaine;
- **boutons, taches:** théier, thym linalol, origan, niaouli, romarin, thym corido;
- **cicatrices d'acné:** graines de carotte, lavande, petit-grain;
- **combinaison:** ylang-ylang, bois de rose;

- **congestionnée (peau):** *eucalyptus globulus*, néroli, basilic, genièvre, citron, niaouli, menthe poivrée, pin, origan, romarin, menthe verte, géranium, pamplemousse;

- **couperose:** citron, hélichryse, cyprès, romarin verbenone, rose, lavande, persil, camomilles allemande et romaine;

- **démangeaisons:** jasmin, hélichryse, lavande, cèdre, menthe poivrée, camomille romaine, eaux florales;

- **gerçures:** patchouli, bois de santal, vétiver, camomilles allemande et romaine, lavande, benjoin, myrrhe;

- **grasse (peau):** camomille, bois de cèdre, géranium, sauge sclarée, lavande, ylang-ylang, citron, romarin camphré, menthe poivrée, citronnelle, niaouli, cyprès, oliban, camphre, patchouli, bois de santal, genièvre, mélisse, coriandre, petit-grain, lime, pamplemousse, thyms linalol, citral et thuyanol, rose;

- **hydratant:** orange sucrée, mandarine, rose;

- **infections:** camomilles allemande et romaine, eucalyptus, lavande, romarin, théier, thym linalol, laurier, bois de rose;

- **inflammation:** hélichryse, graines de carotte, genièvre, camomilles allemande et romaine, sauge sclarée, camphre, bois de rose, angélique;

- **nettoyant:** basilic, genièvre, citron, niaouli, menthe poivrée;

- **normal:** bergamote, bois de cèdre, géranium, jasmin, lavande, néroli, camomille romaine, rose, bois de rose, ylang-ylang, angélique;

- **pâle (peau):** eucalyptus, citron, tangerine, romarin, pin;
- **pigments:** céleri, citron;
- **points noirs:** coriandre, thym (*vulgaris*), genièvre alpin, menthe poivrée, menthe forestière;
- **pores ouverts:** rose, bois de cèdre, camphre;
- **revitalisant:** oliban, lavande, néroli, patchouli, rose, romarin, bois de santal, théier, hélichryse, vétiver, romarin verbenone, petit-grain, citron;
- **sèche (peau):** bois de cèdre, sauge sclarée, jasmin, géranium, lavande, orange, camomille romaine, bois de rose, néroli, petit-grain, petit-grain mandarine, vétiver, romarin verbenone, bois de santal, ylang-ylang, gingembre;
- **sensible (peau):** camomilles romaine et allemande, rose, hélichryse, néroli, bois de rose, carotte, angélique, jasmin;
- **tonifiant:** camomille, lavande, néroli, orange, rose, romarin verbenone, oliban, petit-grain, citron;
- **tumeurs:** graines de carotte, laurier, niaouli.

Stimulant:

- **en général:** angélique, anis, bergamote, poivre noir, camomille, cumin, camphre, coriandre, cannelle, sauge sclarée, clou de girofle, eucalyptus, géranium, fenouil, gingembre, hysope, genièvre, citron, niaouli, origan, persil, menthe, patchouli, sarriette, sauge, marjolaine, ravensare, bois de rose, rose, romarin, théier, gaulthérie;
- **cellulaire:** bois de rose, rose, petit-grain, géranium, origan, sauge, hélichryse, romarin, lavande, niaouli, cyprès, patchouli, vétiver, eucalyptus;

- **mental:** menthe, muscade, clou de girofle, laurier, romarin, rose.

Système lymphatique:

- **en général:** cèdre, cyprès, genièvre, géranium, romarin, théier, eucalyptus, citron, thym, menthe, laurier, bois de rose;
- **décongestionnant:** cyprès, cumin, bois de cèdre, bois de santal;
- **drainage:** angélique, cumin, céleri, pamplemousse, menthe, hélichryse, cyprès, fenouil, mandarine, citron, lavande, origan, romarin, sauge, thym, gaulthérie;
- **fortifiant:** laurier, niaouli, sarriette, théier, menthe, vétiver;
- **glandes enflées:** sarriette, laurier, bois de rose, ravensare, hysope, niaouli, oignon, pin, sauge, théier;
- **inflammation:** eucalyptus, lavande, genièvre, sauge;
- **stimulant:** angélique, coriandre, cumin, cyprès, fenouil, hélichryse, pamplemousse, citron, lime, orange, origan, menthe, carotte, géranium, mandarine, ravensare, romarin;
- **stimulant circulatoire:** genièvre, origan, sauge, cyprès.

Système nerveux:

- **sédatif:** angélique, céleri, ylang-ylang, petit-grain, cumin, basilic, camomille, cannelle, hysope, genièvre, lavande, marjolaine, mélisse, hélichryse, menthe, romarin, sauge, sauge sclarée, thym, bois de santal, patchouli, vétiver, carotte.

Système nerveux autonome:

- **équilibre:** marjolaine;
- **régulateur:** bois de Siam, citronnelle, gingembre, cyprès.

Système nerveux central:

- **sédatif:** angélique, camomille, bergamote, mandarine, coriandre, cumin, fenouil, anis, valériane;
- **régulateur:** néroli, basilic, bois de cèdre;
- **stimulant:** cannelle, lavande, ravensare;
- **tonifiant:** thym.

Système nerveux parasympathique:

- **régulateur:** laurier, marjolaine;
- **sédatif:** marjolaine;
- **stimulant:** romarin, origan, sauge, marjolaine.

Système nerveux sympathique:

- **équilibre:** niaouli;
- **plexus solaire:** hysope, lavande, valériane, eucalyptus, mandarine;
- **sédatif:** camomille, néroli, bergamote, mandarine, valériane;
- **tonifiant:** cannelle, orange, hysope, sauge.

Traumatisme: thym, eucalyptus, marjolaine, ravensare, mélisse, citron.

Varicose: citron, bergamote, cyprès, bois de cèdre, genièvre, hélichryse, théier, niaouli, bois de santal, valériane.

Vasoconstricteur: camphre, cyprès, camomille, lavande, sauge, citron, hysope.

Vasodilatateur: lavande, carotte, eucalyptus, marjolaine, mélisse, sauge sclarée, ylang-ylang, céleri, hélichryse.

Vergetures: hélichryse, jasmin, petit-grain, coriandre, néroli, rose, mandarine, lavande, romarin.

Zona:

- **en général:** clou de girofle, niaouli, ravensare, lavande, sauge, rose, mélisse, basilic, bergamote;
- **analgésique:** menthe, eucalyptus, camomille.

Les maux de l'âme

Alcoolisme: angélique, pamplemousse, lavande, bergamote, mélisse, citron.

Anaphrodisie: marjolaine, myrrhe.

Antidépresseur: sapin baumier, basilic, bergamote, camphre, citronnelle, camomille, sauge sclarée, oliban, géranium, pamplemousse, hélichryse, jasmin, genièvre, lavande, laurier, mélisse, néroli, orange, patchouli, petit-grain, rose, ravensare, romarin, bois de rose, bois de santal, sauge sclarée, vétiver, ylang-ylang.

Apathie: bergamote, jasmin, lime, myrrhe, rose.

Aphrodisiaque: ylang-ylang, cèdre, cannelle, néroli, coriandre, clou de girofle, jasmin, citron, niaouli, anis, persil, poivre noir, patchouli, rose, camphre, sauge sclarée, bois de santal, sarriette, vétiver.

Chance: cannelle, cyprès.

Clarté des idées: orange, lavande, basilic, marjolaine, petit-grain, patchouli.

Claustrophobie: marjolaine, thym.

Colère et rage: bois de cèdre, jasmin, rose, sauge sclarée, patchouli, néroli, petit-grain, mélisse, orange, camomille, ylang-ylang, thym, bergamote, lavande.

Communication: mandarine, petit-grain, laurier.

Concentration: cyprès, thym, orange, citron, hysope, niaouli, eucalyptus, rose.

Confusion mentale: petit-grain, citron.

Conscience: basilic, poivre, hysope, lavande, menthe poivrée, romarin, persil, laurier, vétiver, gingembre, camphre, coriandre.

Courage: poivre noir, gingembre, thym, géranium, laurier, orange, fenouil.

Créativité: hysope, sauge sclarée, pin, épinette, rose, jasmin.

Dépression: sauge sclarée, ylang-ylang, jasmin, cerfeuil, basilic, ravensare, laurier, citronnelle, mélisse, néroli, sauge.

Désespoir: épinette, pin.

Énergie cosmique: oliban, myrrhe.

Épuisement nerveux: angélique, basilic, cannelle, citronnelle, coriandre, cumin, eucalyptus, gingembre, pamplemousse, hélichryse, menthe, patchouli, petit-grain, camphre, sauge, thym, vétiver, violette, ylang-ylang.

Estime de soi: jasmin, pin, pamplemousse.

Éveil de la conscience: laurier, citron, ravensare, oliban.

Harmonie: basilic, orange.

Hyperactivité: mandarine, valériane.

Hypocondrie: origan, thym, laurier.

Hystérie: néroli, orange, basilic, marjolaine, cyprès, mélisse.

Irritabilité: bois de santal.

Isolement: marjolaine, bois de santal.

Léthargie: cumin, camphre.

Maniacodépression: lavande, géranium.

Méditation yogique: bois de cèdre, bois de santal, épinette, oliban.

Mélancolie: rose.

Mémoire: coriandre, clou de girofle, genièvre, basilic, rose, camphre, thym, gingembre, petit-grain.

Obsessions: oliban, marjolaine, bois de santal.

Paix intérieure: camomille, oliban, jasmin, rose, ylang-ylang, cumin.

Panique: jasmin, mélisse, néroli, ylang-ylang, oliban, rose, citron.

Paranoïa: jasmin, ravensare.

Patience: camomille.

Pessimisme: jasmin.

Peur: bois de cèdre, ylang-ylang, camomille, mandarine, mélisse, coriandre, jasmin, sauge sclarée, laurier, thym, ravensare.

Phobies: hélichryse, laurier, origan, thym.

Prospérité: basilic, gingembre, mélisse, patchouli, vétiver.

Protection: patchouli, géranium, romarin, fenouil, gingembre.

Psychose: thym, laurier, ravensare.

Schizophrénie: basilic, thym.

Sentiment de persécution: marjolaine.

Sentiment d'infériorité: menthe poivrée, basilic.

Sexualité: cyprès, gingembre, jasmin, néroli, patchouli, rose, bois de santal, ylang-ylang, thym, marjolaine, mélisse.

Sommeil: lavande, narcisse, mandarine, petit-grain, eucalyptus.

Tranquillisant: marjolaine, valériane, vétiver, lavande.

Tristesse: jasmin, rose, bois de rose, cyprès, marjolaine.

Variations d'humeur: benjoin, bergamote, sauge sclarée, fenouil, oliban, géranium, jasmin, lavande, bois de rose.

Vitalité: vanille, romarin, pin, épinette, géranium, citron.

Mes recettes préférées

Voici quelques-unes de mes recettes préférées pour traiter différents problèmes touchant à la beauté ou à la santé.

L'acné

L'acné fait son apparition quand la glande sébacée sécrète trop de sébum. Normalement, cette huile est libérée sur la peau pour la protéger, mais si une trop grande accumulation bloque les pores, ceux-ci peuvent devenir infectés par la présence de bactéries; c'est alors que des boutons se forment.

L'acné est souvent le signal d'une grande accumulation de toxines dans le corps. La peau est le plus important organe d'élimination (en rapport avec la surface); quand les reins, les poumons, les intestins ne suffisent plus à la tâche, la peau prend la relève.

L'acné peut aussi être causée par d'autres facteurs: allergie alimentaire, déshydratation, problèmes émotionnels, pollution, surexposition au soleil, hygiène insuffisante, système immunitaire faible, stress, etc.

Une nutrition riche en légumes et en fruits frais, beaucoup d'eau, de l'air pur, de l'exercice et des traitements aromathérapeutiques peuvent aider à clarifier l'acné.

Certaines huiles essentielles, grâce à leurs propriétés anti-inflammatoires, peuvent réduire les irritations douloureuses. On classe dans cette catégorie les huiles suivantes: camomille, sauge sclarée, eucalyptus, oliban, hélichryse, lavande, myrrhe, patchouli, menthe et gaulthérie.

Les huiles rééquilibrantes (le géranium, le bois de rose, le palmarosa) normalisent la production de sébum.

Les huiles astringentes contrôlent l'huile. C'est le cas de l'oliban, du cèdre, du cyprès, du géranium, du genièvre, de la lavande, du citron, du néroli, du bois de rose, du théier, du thym et du vétiver.

De récents tests faits en Australie ont démontré que le théier est très efficace pour cicatriser l'acné, sans les effets secondaires des médicaments qui contiennent du peroxyde benzoïque.

L'hygiène générale

- Deux fois par jour, se nettoyer la peau avec une mousse neutre dans laquelle on a incorporé quelques gouttes d'huile.
- Appliquer une eau florale astringente après le nettoyage.
- Procéder à une exfoliation régulière avec un produit à base d'algues.
- Se faire un masque de boue et d'algues additionnées de quatre gouttes d'huile essentielle, deux fois par semaine.

- Rééquilibrer la peau avec un gel neutre additionné de quelques gouttes d'huile essentielle.

Masque anti-acné

5 mL (1 c. à thé) de masque de boue et d'algues
1 goutte de géranium
2 gouttes de théier
2 gouttes de lavande
Appliquer sur le visage et laisser agir 20 minutes. Rincer.

Traitement des irruptions

30 mL (2 c. à soupe) de gel neutre
20 gouttes de lavande
20 gouttes de théier
Appliquer sur les irruptions de façon régulière.

Après-rasage anti-acné

30 mL (2 c. à soupe) de gel neutre
2 gouttes de bois de santal
2 gouttes de cèdre
2 gouttes de citron
Appliquer après chaque rasage.

La cellulite

Environ 90% des femmes souffrent (ou souffriront) de cellulite. Souvent causée par une mauvaise élimination de la lymphe, elle est localisée habituellement sur le ventre, les hanches, les fesses ou les cuisses.

Pour se débarrasser de la cellulite, il faut faire preuve de patience, mais aussi boire beaucoup d'eau, faire de l'exercice, surveiller son régime alimentaire et réduire son stress.

Les huiles essentielles aident également à éliminer l'excédent de toxines, surtout si ces huiles sont incorporées à des algues, à une crème ou à des huiles végétales.

Bain contre la cellulite

65 mL ($^1/_4$ de tasse) d'un mélange d'algues et de sel ou de bain minceur (produits Danielle Huard)
4 gouttes de citron
4 gouttes de cyprès
4 gouttes de cèdre
Ajouter les ingrédients à l'eau du bain.

Les cheveux

Les cheveux sains dépendent d'un cuir chevelu en bonne santé. Les problèmes de cheveux et de cuir chevelu sont souvent dus à un déséquilibre du métabolisme causé par une déficience alimentaire, le stress ou par une hygiène inadéquate.

L'aromathérapie peut améliorer la condition des cheveux en stimulant la circulation. Les huiles essentielles ajoutent du lustre et aident à rééquilibrer les sécrétions du cuir chevelu.

Shampooing pour cheveux gras

60 mL (2 oz) de shampooing neutre
6 gouttes de citron
4 gouttes de bergamote
3 gouttes de cèdre
2 gouttes de romarin

Shampooing pour cheveux normaux

60 mL (2 oz) de shampooing neutre
8 gouttes de lavande
4 gouttes de camomille
3 gouttes d'ylang-ylang
On peut en faire une utilisation quotidienne.

Shampooing pour cheveux secs

60 mL (2 oz) de shampooing neutre
8 gouttes de camomille
4 gouttes de lavande
3 gouttes de romarin

Traitement à l'huile pour cheveux secs

30 mL (2 c. à soupe) d'huile de jojoba
6 gouttes de cèdre
4 gouttes de sauge sclarée
5 gouttes de lavande
Appliquer sur le cuir chevelu en massant bien et laisser
pénétrer 20 minutes. Se recouvrir la tête d'une serviette
chaude pour favoriser la pénétration du produit.

La perte des cheveux

Les hommes autant que les femmes perdent, en
moyenne, de 150 à 200 cheveux par jour, et c'est tout
à fait normal. Si la perte est plus importante, il y a
problème parce que la repousse ne peut combler la
perte.

L'âge, l'hérédité, les hormones, le diabète, l'hypo-
thyroïdie, le psoriasis, la séborrhée, le stress et une
accumulation de sébum peuvent causer la perte des
cheveux. La prévention peut toutefois aider à amoin-
drir le problème.

Stimulant pour le cuir chevelu

30 mL (2 c. à soupe) d'huile de jojoba
4 gouttes de sauge sclarée
4 gouttes de romarin
4 gouttes de cèdre
3 gouttes d'ylang-ylang
Chauffer le tout au bain-marie et appliquer sur le cuir
chevelu en massant bien. Laisser au moins 30 minutes ou
même toute la nuit avant de laver les cheveux.

Shampooing Samson

250 mL (8 oz) de shampooing neutre végétal
12 gouttes de romarin
10 gouttes de sauge sclarée
8 gouttes de cèdre
5 gouttes d'ylang-ylang
Utiliser tous les jours.

Les coups de soleil

La surexposition aux rayons ultraviolets du soleil provoque des coups de soleil. La peau devient rose ou rouge, et est très sensible au toucher. Dans les cas plus graves, il se formera des cloches. Les coups de soleil ou une exposition prolongée peuvent provoquer un cancer.

Évitez le soleil quand il est à son plus fort, soit entre 10 heures et 15 heures. Portez toujours un chapeau, des lunettes fumées et un écran solaire. Et assurez-vous que votre peau est bien hydratée.

En cas de coup de soleil, l'aromathérapie peut vous aider à minimiser les conséquences et à soulager les effets désagréables.

Camomille, eucalyptus, lavande, patchouli et menthe sont les huiles que je recommande.

Huile après soleil

30 mL (2 c. à soupe) d'huile de jojoba ou de gel neutre
8 gouttes de lavande
2 gouttes de camomille
2 gouttes de menthe
Appliquer sur tout le corps régulièrement.

Huile pour soulager les coups de soleil

60 mL (4 c. à soupe) d'huile végétale ou de gel d'aloès
40 gouttes de lavande
Appliquer sur les endroits attaqués.

Les coupures et les contusions

Puisque j'ai des enfants en bas âge, je connais bien les petits bobos de tous les jours et je les soigne avec des huiles essentielles; ces dernières peuvent aider à prévenir l'infection et à cicatriser plus rapidement les coupures.

Onguent de premiers soins

Dans 120 mL (8 c. à soupe) de crème neutre, ajouter:

10 gouttes de théier
10 gouttes de lavande
5 gouttes d'hélichryse
5 gouttes de citron
2 gouttes de myrrhe
3 gouttes de palmarosa
Appliquer au besoin.

La dépression

Les causes de la dépression sont multiples et les huiles peuvent aider à surmonter cet état. Il faudrait aussi considérer les changements alimentaires et la réduction du stress.

Bain anti-dépression

Dans une base de bain moussant ou d'huile neutre, ajouter:

3 gouttes de bergamote
5 gouttes d'ylang-ylang
5 gouttes de lavande

Huile de massage anti-dépression

30 mL (2 c. à soupe) d'huile de base
3 gouttes de camomille
5 gouttes de bois de rose
5 gouttes d'ylang-ylang
2 gouttes de rose ou de jasmin
Masser tous les jours.

Personnellement, dans les périodes de petits creux émotionnels, j'utilise la rose ou le néroli sur le plexus solaire. Cela agit de façon magique.

Les dermatites

Ce problème de peau, caractérisé par de l'inflammation, de l'irritation ou de la démangeaison, est dû à un contact avec des substances allergènes.

Bain pour calmer les irritations

5 gouttes de camomille
5 gouttes de lavande
3 gouttes de bois de rose
3 gouttes de cèdre
125 mL ($\frac{1}{2}$ tasse) de sel de mer et d'algues
Verser dans le bain et y demeurer une vingtaine de minutes.

Compresses froides pour dermatite

1 bol d'eau froide
2 gouttes de lavande
1 goutte de cèdre
2 gouttes de patchouli
Tremper une serviette dans le bol et appliquer sur la partie irritée.

Huile pour dermatite

30 mL (2 c. à soupe) d'huile de jojoba ou de rose musquée
4 gouttes de camomille
4 gouttes de lavande
2 gouttes de rose
3 gouttes de gaulthérie
Appliquer deux fois par jour sur la partie irritée.

L'eczéma

Cette maladie de la peau se caractérise par des plaques sèches, craquelées, par des rougeurs, de l'enflure et des plaies qui peuvent être purulentes. La peau paraît chaude et enflammée.

Plusieurs facteurs peuvent causer l'eczéma: le stress, les produits nettoyants, les parfums, certains aliments comme les produits laitiers, le maïs, les tomates, le vinaigre, le blé, les aliments acides et épicés, et bien d'autres. Il peut aussi être causé par une déficience de certaines vitamines et de certains oligoéléments.

La meilleure approche pour faire disparaître l'eczéma est de mieux contrôler son alimentation et son stress. Les huiles essentielles peuvent toutefois aider à se relaxer et à réduire l'inflammation.

Huile cicatrisante pour l'eczéma

60 mL (4 c. à soupe) d'huile végétale
10 gouttes de géranium
4 gouttes de théier
4 gouttes de camomille
3 gouttes d'ylang-ylang
4 gouttes de lavande
Appliquer deux fois par jour sur les parties irritées.

Les émotions

Les huiles essentielles calment, relaxent le corps, créent un sentiment positif et aident à améliorer la qualité de la vie. Les mélanges qui suivent peuvent être portés comme parfum, être inhalés quelques fois par jour ou servir d'huile de massage. Ils sont conçus pour 125 mL ($\frac{1}{2}$ tasse) d'huile de base.

Massage équilibrant

4 gouttes de camomille
4 gouttes d'ylang-ylang
7 gouttes de mandarine

191

Huile anti-colère

3 gouttes de lavande
3 gouttes d'orange
9 gouttes de marjolaine

Mélange confiance/assurance

6 gouttes de bois de santal
4 gouttes de cèdre
3 gouttes d'oliban
2 gouttes de patchouli

Mélange deuil/tristesse

5 gouttes de néroli
5 gouttes de marjolaine
10 gouttes de camomille
2 gouttes de rose
Appliquer sur le plexus solaire.

Mélange stimulant du matin

10 gouttes de romarin
3 gouttes de menthe
2 gouttes de coriandre

Mélange pour favoriser la créativité

5 gouttes de bois de rose
4 gouttes d'hélichryse
2 gouttes de sauge sclarée
2 gouttes de néroli
2 gouttes de rose

Mélange pour la méditation

5 gouttes de néroli
3 gouttes de patchouli
2 gouttes d'oliban
5 gouttes de cèdre

Potion pour les amoureux

10 gouttes de lavande
10 gouttes d'ylang-ylang
6 gouttes de palmarosa
4 gouttes de gingembre
Appliquer comme parfum en tout temps.

Mélange pour attirer l'être désiré

4 gouttes de néroli
4 gouttes de bois de santal
2 gouttes de jasmin
4 gouttes de géranium
1 goutte de rose
5 gouttes de patchouli
Appliquer comme parfum en tout temps.

La fièvre

Voici une recette que j'ai expérimentée plusieurs fois. Dès les premiers symptômes, prendre un bain chaud de 15 à 20 minutes. À la sortie du bain, essuyer l'excédent d'eau et appliquer sur tout le corps l'huile de ravensare (*aromatica*) et, sous les pieds, l'eucalyptus (*globulus*). S'étendre pour une sieste ou pour la nuit. Ce traitement permet au système immunitaire de combattre la fièvre.

Pour contrer la fièvre chez les enfants, j'applique l'eucalyptus sous les pieds aux deux heures et je leur mets des bas de laine. Cette méthode aide le corps à se débarrasser des virus.

L'hygiène orale

L'aromathérapie peut être un très bon complément à votre hygiène quotidienne. Le citron, la myrrhe, l'orange, la menthe, le théier combattent les bactéries qui causent la plaque dentaire. La myrrhe aide à renforcer les gencives. La menthe donne une bonne haleine.

Gargarisme

> 250 mL (8 oz) d'eau distillée
> 2 gouttes de myrrhe
> 2 gouttes de théier
> 1 goutte de menthe
> Mélanger les ingrédients, placer dans une bouteille foncée et s'en servir comme gargarisme après chaque brossage des dents.

Traitement pour les gencives

> 30 mL (2 c. à soupe) d'huile végétale
> 10 gouttes de théier
> 6 gouttes de myrrhe
> 2 gouttes de citron
> 2 gouttes de menthe
> Se servir de cette préparation pour se masser les gencives deux fois par jour.

La peau

La peau de chaque individu peut être affectée par différents facteurs: hérédité, température, maladie, âge, stress, pollution, mauvaise alimentation. Elle est un élément important de notre système immunitaire, car elle est la porte d'entrée des virus. Elle nous protège toutefois contre la chaleur et le froid, et elle aide à éliminer les toxines.

La santé de la peau dépend d'une bonne circulation sanguine. Si celle-ci est faible, nos cellules ne se nourrissent pas suffisamment et leur production devient plus lente. C'est alors que commence le processus du vieillissement.

L'aromathérapie peut être d'une aide précieuse pour maintenir la peau en bonne condition ou pour rééquilibrer le bon fonctionnement cellulaire.

La peau déshydratée

La peau déshydratée peut être sèche ou grasse. C'est un manque d'humidité qui empêche les glandes sudoripares de fonctionner suffisamment. Observez bien la surface de la peau, car elle change avec les saisons.

On peut utiliser un gel ou une crème pour l'hydratation. Surtout, il est très important de créer une barrière pour l'humidité.

Base d'hydratation pour le visage

30 mL (2 c. à soupe) de gel neutre ou de crème neutre
3 gouttes de géranium
3 gouttes de bois de rose
2 gouttes de cèdre
2 gouttes de palmarosa

Crème après-rasage

30 mL (2 c. à soupe) de gel neutre ou de crème neutre
2 gouttes de cèdre
2 gouttes de lavande
2 gouttes de romarin
2 gouttes de coriandre

La coriandre est ma touche personnelle, car elle sent tellement bon sur un homme qu'elle sert de parfum. Pour certaines femmes, c'est un aphrodisiaque.

La peau grasse

La peau grasse a une apparence brillante, les pores sont ouverts et sa texture est plutôt épaisse. Si les rides apparaissent plus vite sur une peau sèche que sur une peau grasse, cette dernière a toutefois tendance à perdre de sa fermeté et à se relâcher plus facilement. Il est important de la garder bien propre, car les pores auront tendance à se boucher plus vite.

Les huiles essentielles appropriées sont les suivantes: cèdre, cyprès, oliban, géranium, genièvre, citron, néroli, orange, patchouli, menthe, romarin, bois de rose, théier et ylang-ylang.

Masque nettoyant pour peau grasse

5 mL (1 c. à thé) de boue ou d'argile
eau
2 gouttes de cèdre
2 gouttes de géranium
Appliquer sur le visage et laisser 15 minutes. Bien rincer.

Gel pour peau grasse

30 mL (2 c. à soupe) de gel neutre
3 gouttes de citron
3 gouttes de bois de rose
2 gouttes d'ylang-ylang
2 gouttes de sauge sclarée
Appliquer matin et soir après le nettoyage.

La peau mature

Voici une préparation pour réhydrater les peaux matures.

Masque pour peau mature

5 mL (1 c. à thé) d'huile d'olive
5 mL (1 c. à thé) de miel
5 mL (1 c. à thé) de jus de citron
1 jaune d'œuf
Rincer le visage à l'eau tiède et appliquer cette préparation sur l'épiderme. Laisser de 15 à 20 minutes avant d'enlever l'excédent.

La peau normale

La peau dite «normale» n'est ni trop grasse ni trop sèche; elle est humide, douce, de couleur uniforme, et ses pores sont de bonne dimension.

Masque pour peau normale

5 mL (1 c. à thé) de masque de boue et d'algues
2 gouttes de lavande
2 gouttes de romarin
Appliquer la préparation sur le visage et laisser
15 minutes. Bien rincer.

La peau sèche

La peau sèche manque de sébum et d'humidité; elle est habituellement très mince avec des pores très serrés. Les rides y apparaissent beaucoup plus rapidement.

Les huiles essentielles qui aident à rééquilibrer une peau sèche sont tirées des plantes suivantes: benjoin, bergamote, cèdre, sauge sclarée, fenouil, oliban, géranium, jasmin, lavande, palmarosa, patchouli, rose, bois de rose. Vous pouvez incorporer toutes ces huiles dans un produit neutre pour des soins personnalisés ou utiliser la crème que je vous propose ici.

Crème pour peau sèche

30 mL (2 c. à soupe) de crème neutre
2 gouttes de géranium
3 gouttes de palmarosa
2 gouttes d'oliban
3 gouttes de bois de rose
Appliquer après le nettoyage, matin et soir.

Les pellicules

Les pellicules surgissent autant chez les personnes qui ont des cheveux secs que chez celles dont les cheveux sont gras. La plupart des shampooings contre les pellicules contiennent des agents chimiques forts et du goudron. Ces produits contrôlent les pellicules, mais ils ne s'attaquent pas à la cause. Une bonne alimentation et de bons suppléments alimentaires aident beaucoup plus.

Les huiles essentielles qui permettent de combattre les pellicules sont le cèdre, la sauge sclarée, le cyprès, le citron, le romarin, le patchouli, le laurier, le pin et le théier.

Shampooing antipelliculaire

250 mL (8 oz) de shampooing neutre
10 gouttes de théier
8 gouttes de cèdre
6 gouttes de pin
6 gouttes de romarin
4 gouttes de sauge sclarée
4 gouttes de citron

Les piqûres d'insectes

Les huiles essentielles sont très efficaces pour éloigner les insectes et tous les moustiques piqueurs. J'en ai souvent fait l'essai moi-même et, chaque fois, les résultats ont été surprenants: les insectes rôdaient autour de nous, mais ils ne se posaient pas. Nous n'étions donc jamais piqués.

De plus, les huiles essentielles sont beaucoup moins dommageables pour la santé que les produits commerciaux qu'on nous propose. Il suffit de lire les étiquettes pour s'en convaincre!

Lotion chasse-moustiques

30 mL (2 c. à soupe) d'huile végétale
4 gouttes de bergamote

4 gouttes de pin
4 gouttes de théier
4 gouttes d'eucalyptus
4 gouttes de patchouli
5 gouttes de géranium
Appliquer régulièrement aux endroits exposés.

Le psoriasis

Le psoriasis est une inflammation de la peau qui ressemble à une brûlure. Les cellules épidermiques des personnes qui souffrent de cette maladie se multiplient cinq fois plus rapidement que chez les gens ordinaires. Des plaques apparaissent à divers endroits du corps, par exemple sur les coudes, les genoux, les fesses, les ongles, le cuir chevelu, la poitrine ou le bas du dos. Dans les cas sévères, il peut y en avoir sur tout le corps.

Si l'hérédité joue un rôle important dans le développement de la maladie, ce sont toutefois le stress et tous les problèmes émotionnels qui servent de déclencheur.

Le soleil et certaines huiles essentielles aident à réduire et à contrôler le problème. Pour les endroits rudes, faites une exfoliation avec des algues ou du sel de mer de façon régulière.

Exfoliant anti-psoriasis

30 mL (2 c. à soupe) de sel de mer, de gruau ou de poudre d'amande
5 mL (1 c. à thé) de miel
2 gouttes de bergamote
2 gouttes de bois de rose
1 goutte d'hélichryse
1 goutte de camomille
Mélanger bien les ingrédients et masser les plaques sèches à l'aide de cette préparation. Rincer et appliquer l'huile anti-psoriasis (voir la recette suivante).

Huile anti-psoriasis

30 mL (2 c. à soupe) d'huile de jojoba
1 mL ($^1/_4$ de c. à thé) de rose musquée
1 mL ($^1/_4$ de c. à thé) de bourrache
8 gouttes de camomille
4 gouttes de bois de santal
5 gouttes de néroli

Le rhume et la grippe

Les huiles essentielles aident à prévenir la grippe et le rhume et en accélèrent le processus de guérison. Si le mélange que je vous conseille ici est utilisé comme traitement dès l'apparition des premiers symptômes, vous pouvez éviter une aggravation. La grippe et le rhume sont très contagieux; il est donc important de diffuser les huiles essentielles partout dans la maison pour mettre les autres personnes à l'abri.

Mélange pour massage de la poitrine

30 mL (2 c. à soupe) d'huile de base neutre
5 gouttes d'eucalyptus (*globulus*)
5 gouttes de ravensare
2 gouttes d'oliban
3 gouttes de lavande
Utiliser deux ou trois fois par jour.

Dans le diffuseur

5 gouttes d'eucalyptus (*globulus*)
5 gouttes de lavande
5 gouttes de ravensare
5 gouttes de romarin à camphre
Faire diffuser ce mélange pur dans la maison cinq ou six fois par jour.

La séborrhée

La séborrhée est provoquée par un déséquilibre des glandes sébacées qui sont situées sur la poitrine, le visage et le cuir chevelu. Quand ces glandes sont trop actives, elles sécrètent trop de sébum et accroissent le développement des cellules de la peau. Il en résulte des irruptions sur la peau et des plaques sèches. La peau peut sembler sèche mais, en réalité, ce n'est pas le cas.

La maladie peut être causée par une mauvaise alimentation, une allergie alimentaire, une déficience nutritionnelle, un déséquilibre hormonal, une infection ou un trop grand stress.

Consultez un ou une spécialiste en nutrition pour savoir si vous souffrez d'une allergie alimentaire ou d'une déficience vitaminique. Mangez plus de fruits, de légumes et de grains entiers. Évitez le chocolat, les produits laitiers, les aliments frits ou gras, le sucre et la farine blanchie. Prenez un supplément de vitamines A et C ainsi que du zinc.

Les huiles essentielles aident à contrôler la séborrhée. L'huile végétale de jojoba est le transporteur idéal parce qu'elle ressemble au sébum humain et aide à en régulariser les sécrétions.

Lotion

30 mL (2 c. à soupe) d'huile de jojoba
4 gouttes de cèdre
4 gouttes de pin
4 gouttes de romarin
3 gouttes de théier
Appliquer matin et soir.

Shampooing

125 mL (4 oz) de shampooing neutre végétal
4 gouttes de sauge sclarée
4 gouttes de géranium
3 gouttes de patchouli
4 gouttes de théier

Les varices

Les varices surgissent quand les petites veines qui ramènent le sang au cœur perdent de leur élasticité. Elles sont localisées, la plupart du temps, sur les cuisses, les mollets et les chevilles. Les jambes deviennent congestionnées, inflammées et douloureuses.

L'hérédité est souvent la cause majeure des varices, qui surgissent habituellement après une grossesse ou avec l'âge. Un manque d'exercice, une pauvre circulation, la constipation chronique, la consommation d'alcool, l'obésité et les changements de température peuvent également provoquer l'apparition de varices.

La prévention est donc de mise: exercice, alimentation saine, bas support.

L'aromathérapie peut aider à diminuer l'inconfort et à améliorer l'apparence des jambes. Je recommande le cyprès, le géranium, le gingembre, le genièvre, le citron, le néroli, la menthe et le romarin.

Massage pour jambes lourdes

30 mL (2 c. à soupe) d'huile végétale de base
4 gouttes de genièvre
4 gouttes de cyprès
3 gouttes de citron
3 gouttes de romarin
Se masser les jambes une fois par jour.

Les vergetures

Les vergetures sont dues à un étirement de la peau. Quand la peau s'étire, le collagène et l'élastine dans la couche profonde de la peau perdent leur structure normale. Les vergetures peuvent être petites ou grandes, rouges, roses ou blanches. Elles apparaissent surtout après une perte de poids, une grossesse ou une croissance rapide.

Mieux vaut prévenir que guérir, dit-on. Il faut garder la peau bien lubrifiée en utilisant des huiles essentielles telles que la lavande, le néroli, le vétiver, la rose musquée dans une synergie d'huiles de jojoba, de germe de blé ou de beurre de coco.

* * *

Si vous désirez obtenir des informations supplémentaires sur les huiles essentielles, les cours de formation et les conférences sur le sujet, communiquez au numéro suivant: (450) 638-5382.

Bibliographie

DAMIAN, Kate et Peter. *Aromatherapy Scent and Psyche*, Vermont, Healing Arts Press, 1995.

DAVIS, Patricia. *Subtle Aromatherapy*, Essex, C.W. Daniel, 1991.

DONADIEU Dᵣ Y. et BASIRE, J. *Les algues*, Paris, Maloine S.A. Éditeur, 1985.

DUKE, J.A. *Handbook of Biologically Active Phytochemicals and their Activities*, CRC Press, 1992.

FRANCHOMME et PÉNOËL. *L'aromathérapie exactement*, France, Roger Jollois, 1990.

GUMBEL, D. *Principles of Holistic Skin Therapy with Herbal Essences*, Hang, 1986.

HAMPTON, Audrey. *What's in your Cosmetics*, Tucson, Odonia Press, 1995.

LAVABRE, M. *Aromatherapy Workbook*, Vermont, Healing Arts Press, 1990.

LAWLESS, Julia. *Encyclopedia of Essential Oils*, Massachusetts, Element, 1992.

RYMAN, Daniele. *The Aromatherapy Handbook*, Essex, Century, 1984.

STIER, Bernard. *Secret des huiles de première pression à froid*, Montréal, 1990.

WILSON, Roberta. *Aromatherapy for Vibrant Heart & Beauty*, New York, Avery Publishing Group, 1995.

Table des matières

Deuxième partie

Les propriétés des huiles essentielles

Troisième partie

Des solutions essentielles à vos maux